# TESTS AND DRILLS

## IN

# SPANISH GRAMMAR

### (REVISED EDITION)

## BOOK 1

**by**

## JUVENAL L. ANGEL

**and**

## ROBERT J. DIXSON

 Prentice Hall Regents, Englewood Cliffs, NJ 07632

ISBN 0-13-911777-6

Published by
Prentice-Hall Regents,
Englewood Cliffs, NJ 07632

Printed in the United States of America          1/87

# FOREWORD

This is Book 1 of the revised edition of TESTS AND DRILLS IN SPANISH GRAMMAR, now in two parts, Books 1 and 2. The two conversation books in this series, METODO DIRECTO DE CONVERSACION EN ESPAÑOL, Libro 1 and Libro 2, parallel TESTS AND DRILLS IN SPANISH GRAMMAR lesson for lesson.

The plan of this worktext in Spanish grammar is simple. It presents simple explanations of the basic grammar principles, followed by numerous exercises designed to establish the various patterns and structures firmly in the mind of the student. The exercises in these texts, the grammar and conversation books as well, are carefully graded and provide constant review. All exercises should be repeated several times with as much variation in technique as possible: oral drills with books closed, student to student quizzes, chain drills, dictation, etc.

TESTS AND DRILLS IN SPANISH GRAMMAR and the conversation books can be used separately if necessary. Advanced classes needing a rapid but thorough review of basic grammar principles will find these books invaluable. The conversation books can also be used alone in conversation classes whenever indicated. However, we feel that when the four texts are used together they provide the most effective method yet developed anywhere for the teaching of Spanish conversation.

THE AUTHORS.

# CONTENTS

# LECCION 1

**1.** VERB SER (TO BE): The conjugation of the verb *ser* (to be) in the present tense is as follows:

| *Singular* | *Plural* |
|---|---|
| 1. soy | somos |
| 2. eres | (sois) |
| es | son |
| 3. es | son |

Note that the subject pronouns are not included. Subject pronouns are used less often in Spanish than in English. The verb ending in Spanish generally indicates the person and number of the subject, and thus subject pronouns are not so necessary in Spanish as they are in English.

**2.** Negative and Interrogative Form: The negative form is obtained by putting *no* before the verb.

> Juan es alumno
> Juan *no* es alumno.

The Interrogative (question) form may be obtained by putting the verb before the subject. Note that an inverted question mark preceeds an interrogation in Spanish.

> ¿Es Juan alumno?
> ¿Es Elena alumna?

(Note: Question form is much less rigid in Spanish than in English. It is common practice in Spanish to indicate a question, not by changing the position of the subject in the sentence, but simply by altering the intonation of the voice.)

**3.** GENDER-INDEFINITE ARTICLES: All nouns in Spanish are either masculine or feminine. There are no neuter nouns. Nouns which end in *o* are generally masculine (libro, maestro). Nouns which end in *a* are generally feminine (mesa, maestra).

a) The indefinite articles are *un* and *una*. With masculine nouns *un* is used; with feminine nouns *una* is used.

| Masculine | Feminine |
|---|---|
| un libro | una pluma |
| un cuchillo | una mesa |

b) Generally the indefinite article is not used in Spanish before a predicate noun, especially when the predicate noun indicates nationality or profession.

> Ricardo es profesor.
>   (Note difference with English: Richard
>     is *a* teacher.)
> María es alumna.
> Soy americano.

## EJERCICIOS

*A. Use la forma negativa:*

1. El señor González es profesor.
2. Juan es alumno.
3. María es muy joven.
4. Mi *(my)* lección es interesante.
5. Soy estudiante.
6. Mi clase es interesante.
7. Mi libro es verde.
8. María es alumna.
9. Mi profesor es muy inteligente.
10. Mi ejercicio es difícil.
11. Es interesante.
12. Mi casa es verde.

*B. Use la forma interrogativa:*

1. El señor Andino es profesor de español.
2. El señor López es médico.
3. Juan es alumno.
4. Juan es joven.
5. Es inteligente también.
6. Mi libro es verde.
7. Es muy útil.
8. Mi libro es interesante también.

9. Mi lección es fácil.
10. María es muy popular.
11. Es muy inteligente.
12. Es maestro.

C. *Use el artículo indefinido correspondiente:*

1. _____ libro
2. _____ mesa
3. _____ pluma
4. _____ cuchillo
5. _____ profesor
6. _____ profesora
7. _____ ejercicio
8. _____ casa
9. _____ muchacho
10. _____ muchacha

D. *Seleccione la forma correcta:*

1. Juan es (un profesor, profesora, maestro).
2. María (es, son) alumna.
3. (Un, Una) pluma es verde.
4. Juan (no es, es no) joven.
5. Soy (un español, español).
6. Mi lección (es, son) fácil.
7. (Un, Una) puerta es grande.
8. María es (profesor, profesora).
9. El señor López (es no, no es) joven.
10. Soy (un alumno, estudiante, alumno).

E. *Conteste estas preguntas:*

1. ¿Es Juan alumno?
2. ¿Es ésta una puerta o una ventana?
3. ¿Es Juan estudiante o profesor?
4. ¿Es el señor López profesor o alumno?
5. ¿Es María profesora o alumna?
6. ¿Es Juan americano o español?
7. ¿De qué nacionalidad es Eduardo?
8. ¿De qué nacionalidad es María?

9. ¿De qué nacionalidad es el profesor?
10. ¿De qué nacionalidad somos?
11. ¿Es venezolano Juan?

# LECCION 2

4. SUBJECT PERSONAL PRONOUNS:

| | |
|---|---|
| 1. Yo | Nosotros -as |
| 2. Tú | (Vosotros -as) |
| Usted | Ustedes |
| 3. El | Ellos |
| Ella | Ellas |

a) Although subject personal pronouns are used less often in Spanish than in English, they are used whenever it is necessary to give emphasis or to make the meaning of the sentence clear.

> Yo soy americano y él es venezolano.
> *El* es rico pero *ella* es pobre.

b) The familiar pronoun *tú* is used in conversation with close friends, with small children, or with member of one's family. It is also widely used among students, even upon first meeting.

c) The plural familiar form *vosotros* is used only in Spain. In the rest of the Spanish speaking world *ustedes* is used in conversation with more than one person.

5. NUMBER: Nouns and adjetives which terminate in a vowel form the plural by adding *s*.

| | |
|---|---|
| libro | libros |
| mesa | mesas |
| rojo | rojos |
| verde | verdes |

Nouns and adjectives which terminate in a consonant form the plural by adding *es*.

| | |
|---|---|
| papel | papeles |
| color | colores |
| fácil | fáciles |
| difícil | difíciles |

5

6. **Definite Articles**: The definite articles are:

|  | Singular | Plural |
|---|---|---|
| (Masculino) | el | los |
| (Femenino) | la | las |
|  | el libro | los libros |
|  | la mesa | las mesas |

7. **Adjectives**: Generally, adjectives in Spanish follow the nouns they modify.

una lección *difícil*
un alumno *joven*

a) All adjectives which end in *o* have the following four forms. They always agree in gender and number with the nouns which they modify.

|  | Singular | Plural |
|---|---|---|
| (Masculino) | rojo | rojos |
| (Femenino) | roja | rojas |
|  | el libro *rojo* | los libros *rojos* |
|  | la mesa *roja* | las mesas *rojas* |

b) Adjectives which do not terminate in *o* have only two forms, one form for the singular and one form for the plural:

| | |
|---|---|
| el libro *verde* | los libros *verdes* |
| la mesa *verde* | las mesas *verdes* |
| el ejercicio *fácil* | los ejercicios *fáciles* |
| la lección *fácil* | las lecciones *fáciles* |

## EJERCICIOS

A. *Use los pronombres correspondientes en los espacios en blanco:*

1. _____ somos amigos. (Nosotros somos amigos.)
2. _____ son amigos.
3. _____ son amigas.
4. _____ soy profesora.
5. _____ es médico.
6. _____ son alumnos de la clase de inglés.
7. _____ es profesora de la escuela.
8. _____ es profesor de la escuela.
9. _____ somos jóvenes.
10. _____ es un muchacho alto.

11. _____ es una muchacha alta.
12. _____ son muchachos altos.
13. _____ son muchachas altas.
14. _____ eres muy amable.

B. *Use la forma correcta del verbo* SER *en los espacios en blanco:*

1. El _____ médico.
2. Nosotros _____ muy aplicados.
3. Ellos _____ alumnos inteligentes.
4. Yo _____ alumno de inglés.
5. Ellas _____ muchachas muy bonitas.
6. Nosotros _____ amigos.
7. Ella _____ muy joven.
8. Mi hermano _____ muy inteligente.
9. Mi lección de hoy _____ fácil.
10. Tú _____ alto.
11. El _____ abogado. (lawyer)
12. Juan no _____ inteligente.
13. María _____ alumna de mi clase de inglés.
14. Usted _____ muy amable.

C. *Use el artículo definido correspondiente:*

1. _____ libro es rojo.
2. _____ libros son rojos.
3. _____ lección es fácil.
4. _____ ejercicios de hoy son fáciles.
5. _____ médico es famoso.
6. _____ alumnos son muy aplicados.
7. _____ alumnas son muy aplicadas.
8. _____ cuadernos son blancos.
9. _____ mujer es muy alta.
10. _____ hombre es muy alto.
11. _____ mujeres son muy altas.
12. _____ hombres son muy altos.

D. *Use primero la forma negativa y después la forma interrogativa:*

1. La profesora es buena.
2. El es mi amigo.
3. Las muchachas son muy aplicadas.
4. El lápiz es rojo.
5. Mi hermano es médico.
6. Las manzanas (apples) son rojas.
7. La casa es grande.
8. Los ejercicios son difíciles.
9. Nosotros somos amigos.
10. El señor González es mi profesor de inglés.

E. *Use la forma correcta del adjetivo entre paréntesis:*

1. Los libros son _____. (rojo)
2. Las muchachas son muy _____. (bonito)
3. Mi profesora de inglés es muy _____. (bueno)
4. Mi profesor de inglés es muy _____. (bueno)
5. Los profesores de mi escuela son muy _____. (bueno)
6. Las lecciones son _____. (fácil)
7. Las casas son _____ (grande)
8. Los libros son _____ (interesante)
9. Los muchachos son _____. (joven)
10. Las muchachas son _____. (joven)
11. El papel es _____. (blanco)
12. La mesa es _____. (blanco)
13. Las plumas son _____. (negro)
14. Los libros son _____. (amarillo)

F. *Seleccione la forma correcta:*

1. Ellos (es, son) amigos.
2. Las muchachas son muy (altos, altas).
3. Yo (soy, es) alumno.
4. (Los, Las) lecciones son difíciles.
5. No son (interesante, interesantes).

6. Nosotros (son, somos) amigos.
7. (Nosotros, Nosotras) somos amigas.
8. Los ejercicios son (largos, largas).
9. La profesora es (alta, alto).
10. Las puertas son (grande, grandes).
11. (Una, Un) libro es rojo; el otro (the other) es (amarillo, amarilla).
12. El señor López es (profesora, profesor).
13. Juan (es no, no es) popular en la escuela.
14. Ricardo y María son muy (popular, populares).
15. Usted (es, eres) muy amable.

G. *Conteste estas preguntas:*

1. ¿Es rico o pobre el señor López?
2. ¿Es bonita o fea la señora López?
3. ¿Es fácil o difícil la lección de hoy?
4. ¿Son fáciles o difíciles los ejercicios de hoy? (today)
5. ¿De qué color es la pizarra?
6. ¿De qué color es el sombrero?
7. ¿De qué color son los libros?
8. ¿Son ustedes alumnos o profesores?
9. ¿Son aplicadas o perezosas?
10. ¿Somos nosotros profesores o alumnos?
11. ¿Es la familia de Eduardo rica o pobre?
12. ¿Eres alumno de español?

# LECCION 3

8. **VERB CONJUGATIONS:** There are three different conjugations in Spanish depending upon the infinitive endings. Infinitives of the first conjugation end in -*ar*, of the second in -*er*, and of the third in -*ir*.

hablar (*to speak*)     vender (*to sell*)     vivir (*to live*)

9. **FORMATION OF THE PRESENT INDICATIVE OF -AR VERBS:** To form the present indicative remove the -*ar* ending from the infinitive to the remaining stem ( habl—), add the endings: -*o*, -*as*, -*a*, -*amos*, -*áis*, -*an*.

| *Singular* | *Plural* |
|---|---|
| yo *hablo* | nosotros *hablamos* |
| tú *hablas* | (vosotros *habláis*) |
| usted *habla* | ustedes *hablan* |
| él, ella *habla* | ellos, ellas *hablan* |

Each form of the verb has three possible meanings in English. *Yo hablo* may mean *I speak, I am speaking,* or *I do speak.* The last of these is usually used in the negative or interrogative:

No *hablo* francés.       *I do* not *speak* French.
¿*Hablas* italiano?       *Do you speak* Italian?

10. **NUMBER—Continued:** As we have learned previously under rule 5, nouns which end in a vowel form their plural by adding *s*; those which end in a consonant add *es* to form the plural. Other special groups of nouns form their plural as follows:

a) Nouns which end in the letter *z* change this *z* to c in the plural.

lápiz       lápices
vez         veces

b) Nouns which end in *ión* lose their accent in the plural.

lección     lecciones
nación      naciones

10

c) Nouns which end in *es* or *is* without an accent do not change in the plural.

| | |
|---|---|
| el lunes | los lunes |
| la crisis | las crisis |

## EJERCICIOS

A. *Use la forma del verbo que corresponde:*

1. Nosotros ............... (hablar) con la profesora.
2. El ............... (comprar) camisas en la tienda.
3. Ella ............... (hablar) inglés bien.
4. La mujer ............... (hablar) con el niño.
5. El señor González ............... (enseñar) inglés bien.
6. El ............... (explicar) la lección bien.
7. Ellos ............... (estudiar) en la misma clase.
8. Usted ............... (hablar) español muy bien.
9. Yo no ............... (hablar) muy bien el español.
10. Mi madre me ............... (comprar) toda la ropa.
11. La palabra *lápiz* ............... (terminar) en la letra *z*.
12. En el plural la letra *z* ............... (cambiar) a *c*.
13. Ustedes ............... (estudiar) en la misma clase.
14. Nosotros ............... (mirar) los libros.

B. *Use los pronombres correspondientes:*

1. ............... hablamos inglés bien. (*Nosotros* hablamos inglés bien.)
2. ............... hablo español muy mal.
3. ............... estudian el español en mi clase.
4. ............... compro muchos libros.
5. ............... compra muchos libros.
6. ............... compran muchos libros.
7. ............... caminamos mucho todos los días.
8. ............... estudia mucho.
9. ............... también estudiamos mucho.

10. _____ enseña inglés en la escuela.

11. _____ estudian mucho.

12. _____ nunca hablamos con la profesora en inglés.

C. *Cambie a la segunda persona del singular (Usted):*

1. Yo hablo inglés bien. (*Usted* habla inglés bien.)
2. Yo estudio español todos los días.
3. Yo como demasiado.
4. Yo explico la lección a mi hermano.
5. Yo soy alumno.
6. Yo compro muchos libros.
7. Yo hablo español con la profesora.
8. Yo cambio de clase.
9. Yo estudio en la misma clase de Carlos.
10. Yo soy joven.

D. *Repita el ejercicio anterior, cámbielo a la primera persona del plural (Nosotros). Repítalo cambiándolo a la tercera persona del plural (Ellos).*

E. *Use la forma correcta del infinitivo entre paréntesis:*

1. María _____ (hablar) español.
2. Yo _____ (necesitar) un libro nuevo.
3. La palabra *vez* _____ (terminar) en *z.*
4. Nosotros _____ (comprar) muchos libros.
5. El cielo _____ (ser) azul.
6. Tú _____ (hablar) bien el español.
7. El profesor no _____ (necesitar) estudiar la lección.
8. Enrique y Ricardo _____ (estudiar) en la misma clase.
9. Ustedes _____ (comprar) pocos libros.
10. Ellas _____ (estudiar) una lección fácil, y tú _____ (estudiar) una lección difícil.
11. Juan y Enrique _____ (ser) hermanos.
12. Yo _____ (hablar) con el profesor.

F. *Cambie al plural los nombres en letra cursiva, y haga los cambios necesarios:*

1. El *libro* es rojo. (Los *libros* son rojos.)
2. El *lápiz* es negro.
3. El *lunes* es día de fiesta.
4. La *lección* es fácil.
5. El *muchacho* camina mucho.
6. La *mujer* es alta.
7. La *carta* es larga.
8. El *libro* es verde.
9. La *calle* es muy larga.
10. La *palabra* termina en *z*.
11. El *profesor* compra muchos libros.
12. La *muchacha* estudia en mi clase.
13. La *nación* es muy grande.
14. El *papel* es blanco.

G. *Seleccione la forma correcta:*

1. El libro es (negra, negro).
2. Ellos (son, es) buenos amigos.
3. Yo (compro, compra) muchos libros.
4. Ellas (hablan, habla) español bien.
5. El es (un americano, americano).
6. Los (lápizes, lápices) son largos.
7. El (no es, es no) médico.
8. Ellas son (amigos, amigas).
9. (Nosotras, Nosotros) somos amigas.
10. Ellos (estudia, estudian) mucho.
11. Los ejercicios son (fácil, fáciles).
12. Las (lecciones, lecciónes) de hoy son difíciles.
13. Ella (explico, explica) bien la lección.
14. Usted (es, eres) muy amable.
15. Ustedes (habla, hablan) bien.

H. *Conteste estas preguntas:*

1. ¿Habla usted español bien o mal?
2. ¿Habla Enrique bien o mal?

3. ¿Cómo hablan los demás de la clase?
4. ¿Cómo habla español el profesor, bien o mal?
5. ¿Qué idioma hablan ustedes, inglés o español?
6. ¿Qué idioma enseña el profesor, inglés o español?
7. ¿Cuántas horas estudia usted en casa?
8. ¿Qué otras asignaturas estudia usted además de español?
9. ¿Estudian Juan y usted español en la misma clase?
10. ¿Estudia María en la misma clase de ustedes?
11. ¿Explica bien la lección el profesor?
12. ¿Quién enseña español en la escuela de ustedes? ¿Quién enseña matemáticas? ¿Historia? ¿Geografía?

# LECCION 4

11. FORMATION OF THE PRESENT INDICATIVE OF -ER AND -IR VERBS:
Verbs of the second conjugation terminate in -*er* (vender, comer,
aprender, etc.). Verbs of the third conjugation terminate in -*ir* (vivir,
subir, escribir, etc.). To form the present indicative of the -*er* ending verbs, remove the ending from the infinitive and add to the
stem the endings: -*o, -es, -e, -emos, -éis, -en*.

Second conjugation: vender (*to sell*).

| | |
|---|---|
| yo *vendo* | nosotros *vendemos* |
| tú *vendes* | (vosotros *vendéis*) |
| usted *vende* | ustedes *venden* |
| él, ella *vende* | ellos, ellas *venden* |

To form the present indicative of the -*ir* ending verbs add to the
stem the following endings: -*o, -es, -e, -imos, -ís, -en*. Note that with
the exception of nosotros and vosotros, these endings are identical
to those used for the second conjugation.

Third conjugation: vivir (*to live*).

| | |
|---|---|
| yo *vivo* | nosotros *vivimos* |
| tú *vives* | (vosotros *vivís*) |
| usted *vive* | ustedes *viven* |
| él, ella *vive* | ellos, ellas *viven* |

12. POSSESSIVE CASE: The idea of possession in Spanish is expressed by means of the preposition *de*.

> el libro *de Juan* (John's book)
> la pluma *de* la muchacha (the girl's pen)

a) The preposition *de* and the definite article *el* are always contracted to form *del*.

> el libro *del* muchacho
> la casa *del* señor López

15

*De la, de los, de las* are not contracted:

> el libro *de la* muchacha
> los libros *de los* muchachos

b) Note also that the preposition *a* and the definite article *el* similarly contract to *al*. *A la, a los, a las* do not contract (*al* maestro, *a la* escuela).

13. NUMERALS: In Spanish as in English, there are both cardinal and ordinal numerals. In Spanish the cardinal numerals are:

| | | | |
|---|---|---|---|
| 1 | uno | 12 | doce |
| 2 | dos | 13 | trece |
| 3 | tres | 14 | catorce |
| 4 | cuatro | 15 | quince |
| 5 | cinco | 16 | dieciséis |
| 6 | seis | 17 | diecisiete |
| 7 | siete | 18 | dieciocho |
| 8 | ocho | 19 | diecinueve |
| 9 | nueve | 20 | veinte |
| 10 | diez | 21 | veintiuno |
| 11 | once | 22 | veintidós, etc. |

30 treinta, 40 cuarenta, 50 cincuenta, 60 sesenta, 70 setenta, 80 ochenta, 90 noventa, 100 cien, ciento, 101 ciento uno, 102 ciento dos, etc.

a) The cardinal numerals usually preceed the nouns they modify:

> El muchacho compra *cinco* libros.
> Hay *veinte* sillas en el aula.

b) *Uno* and any compound ending in *uno* becomes *un* before a masculine singular noun and *una* before a feminine singular noun:

> *un* libro
> *una* casa
> *veintiún* alumnos

c) *Ciento* becomes *cien* before any noun, masculine or feminine:

> *cien* cartas
> *cien* periódicos

The ordinal numerals are:

| | | | |
|---|---|---|---|
| primero-a | first | sexto-a | sixth |
| segundo-a | second | séptimo-a | seventh |
| tercero-a | third | octavo-a | eighth |
| cuarto-a | fourth | noveno-a | ninth |
| quinto-a | fifth | décimo-a | tenth |

a) The ordinal numerals usually preceed the nouns they modify and always agree in number and gender:

la *segunda* lección
el *octavo* día

b) When *primero* and *tercero* preceed a masculine singular noun, they change to *primer* and *tercer*:

el *primer* libro
el *tercer* capítulo

## EJERCICIOS

A. *Continúe la conjugación:*

1. Yo subo la escalera. (Tú subes la escalera. Usted sube la escalera, etc.)
2. Yo no vivo aquí.
3. Yo como muchas legumbres.
4. Yo abro la puerta.
5. Yo leo un libro.
6. Yo escribo muchas cartas.

B. *Use la forma correspondiente del verbo:*

1. Nosotros _____ (vivir) en la calle Neptuno.
2. Ellos _____ (vivir) en la misma calle.
3. Yo _____ (leer) muchos libros.
4. El _____ (subir) la escalera.
5. Nosotros _____ (leer) muchos libros en inglés.
6. Yo _____(vender) mis (*my*-plural form) libros al fin (at the end) del curso.
7. Ellos _____ (vender) legumbres en el mercado.
8. Tú _____ (comer) mucho.
9. Yo no _____ (comer) mucho.
10. ¿ _____ (comer) usted mucho?
11. ¿En qué restaurante _____ (comer) ustedes todos los días?
12. El profesor _____ (comer) siempre en casa.

C. *Use la forma correspondiente del verbo. (Note que aquí hay verbos de las tres conjugaciones.)*

1. ¿Dónde _____ (vivir) usted?
2. Juan _____ (estudiar) en mi clase de inglés.
3. Yo _____ (vivir) en la calle Galiano.
4. Ellos _____ (hablar) inglés bien.
5. ¿Dónde _____ (vivir) ustedes?
6. El _____ (vivir) en la calle Bolívar, pero ella _____ (vivir) en otra calle.
7. El señor López _____ (enseñar) español todos los días.
8. Nosotros _____ (aprender) inglés bien.
9. Ellos _____ (escribir) muchas cartas.
10. Yo no _____ (escribir) cartas.
11. ¿Dónde _____ (comer) tú, en casa o en un restaurante?
12. ¿ _____ (escribir) usted muchas cartas?
13. Ellas _____ (hablar) con el profesor todos los días.
14. Yo no _____ (hablar) con el profesor.

D. *Use los pronombres correspondientes. En algunas frases hay varias posibilidades:*

1. _____ vivimos en la calle Príncipe. (Nosotros vivimos en la calle Príncipe.)
2. _____ vive en la calle Menocal.
3. _____ vivo en la misma calle.
4. _____ comen en el restaurante de la esquina.
5. _____ comemos en el mismo restaurante.
6. ¿Dónde comen _____ ?
7. _____ enseña inglés.
8. _____ estudian inglés.
9. _____ venden muchos libros.
10. _____ escribo muchas cartas a mi amigas.
11. _____ comes muchas legumbres.
12. _____ vendo mis libros al fin del curso.

E. *Use la segunda persona singular, cambiando* YO *por* USTED:

1. *Yo* vivo en la calle Neptuno. (*Usted* vive en la calle Neptuno.)
2. Yo trabajo mucho.
3. Yo como en casa todos los días.
4. Yo soy alumno.
5. Yo subo la escalera.
6. Yo aprendo inglés.
7. Yo escribo muchas cartas.
8. Yo leo mucho.
9. Yo estudio en la misma clase de Juan.
10. Yo hablo un poco de español.

F. *Use la forma correcta de la preposición* DE, *con o sin el artículo:*

1. El libro es _____ Alberto.
2. La profesora lee las composiciones _____ alumnos.
3. Hablamos _____ ejercicio.
4. Leo la regla _____ lección.
5. El lee la carta _____ María.
6. El habla _____ uso _____ palabra.
7. El libro es _____ profesor.
8. No es _____ muchacho.
9. No es _____ muchacha tampoco.
10. No comprendo la carta _____ señor Gómez.

G. *Escriba la forma correcta del número entre paréntesis:*

1. _____ (30) casas
2. _____ (20) libros
3. _____ (103) lápices
4. _____ (18) muchachas
5. _____ (1) periódico
6. _____ (1) silla
7. _____ (100) números
8. el _____ (1) día

9. la _____ (5) lección
10. la _____ (3) casa

H. *Seleccione la forma correcta:*

1. Ellos (vive, viven) aquí.
2. Yo (vivo, vive) en la calle Príncipe.
3. El libro (del, de el) muchacho es negro.
4. Nosotros (comemos, comen) en casa.
5. Ellos venden (muchos, muchas) libros allí.
6. La pluma negra es (del, de la) muchacha.
7. Somos (joven, jóvenes).
8. Ellos (estudia, estudian) bien.
9. Los ejercicios de hoy son (fácil, fáciles).
10. Ricardo y yo (viven, vivimos) en la misma calle.
11. Ricardo y Elena (viven, vivimos) en la misma calle también.
12. ¿Dónde (vive, viven) usted?

I. *Conteste estas preguntas:*

1. ¿Dónde vives?
2. ¿Dónde vive María?
3. ¿Dónde viven los primos de María?
4. ¿Lee usted el periódico todos los días?
5. ¿Qué periódico lee usted?
6. ¿Escribe usted muchas o pocas cartas?
7. ¿Recibe usted muchas o pocas cartas?
8. ¿A quién le escribe usted cartas con frecuencia?
9. ¿Come usted siempre en casa o come a veces en un restaurante?
10. ¿Dónde comen Juan y Guillermo todos los días, en casa o en un restaurante?
11. ¿Come usted mucha o poca carne?
12. ¿Come usted muchas o pocas frutas?

# LECCION 5

14. SER AND ESTAR: There are two verbs in Spanish, *ser* and *estar*, which are equivalent in English to the verb *to be*. We have already studied the conjugation of the verb *ser* in lesson 1 (*soy, eres, es*, etc.). The irregular verb *estar* is conjugated as follows:

| | |
|---|---|
| yo *estoy* | nosotros *estamos* |
| tú *estás* | (vosotros *estáis*) |
| usted *está* | ustedes *están* |
| él, ella *está* | ellos, ellas *están* |

a) *Ser* is used to indicate an inherent characteristic or a permanent state or condition. It tells *what* a person or thing is. *Estar* is used to indicate an accidental condition. It tells *how* a person or thing is.

| | |
|---|---|
| La camisa *es blanca*, pero *está sucia.* | The shirt *is white* (*inherent characteristic*), but it *is dirty.* (*temporary condition*) |
| La puerta *es grande* y *está abierta.* | The door *is big* (*permanent state*) and it *is open.* (*temporary condition*) |
| La muchacha *es bonita.* | The girl *is pretty.* (*inherent characteristic*) |
| La muchacha *está alegre.* | The girl *is happy.* (*temporary condition*) |

b) *Ser* is used to express origin. *Estar* is used to express location.

| | |
|---|---|
| Juan *es de México*, pero *está en Nueva York.* | John *is from Mexico* (*origin*), but he *is in New York.* (*location*) |
| El libro que *está en la mesa es de España.* | The book that *is on the table* (*location*) *is from Spain.* (*origin*) |
| ¿*De dónde es* usted? | *Where are* you *from?* (*origin*) |
| ¿*Dónde está* usted? | *Where are* you? (*location*) |

c) *Ser* is used with a predicate noun.

| | |
|---|---|
| Ellos son *alumnos.* | They *are students.* |
| El *es profesor.* | He *is a professor.* |

d) Note, as a consequence of the difference in use between *ser* and *estar*, how certain adjectives change their meaning slightly when used with one or the other of the two verbs.

ser bueno (to be good)—estar bueno (to be well, in good health)
ser malo (to be bad)—estar malo (to be ill)

## EJERCICIOS

A. *Continúe la conjugación:*

1. Yo soy alumno. (Tú eres alumno. Usted es alumno. Etc.)
2. Yo estoy cansado.
3. Yo estoy en la clase.
4. Yo soy joven.
5. Yo estoy mal hoy.
6. Yo soy alto.
7. Yo estoy en Nueva York.

B. *Use la forma correcta del verbo* SER:

1. El _____ médico.
2. Yo _____ alumno.
3. Mi padre _____ comerciante.
4. Ellos _____ muy altos.
5. Nosotros _____ americanos.
6. María y Juan _____ de España.
7. El libro rojo _____ de Juan.
8. Los alumnos de mi clase _____ muy aplicados.
9. Ellas _____ amigas.
10. Hoy _____ un día bueno.

C. *Use la forma correcta del verbo* ESTAR:

1. Mi padre _____ en Miami.
2. Los libros _____ sobre la mesa.
3. Los alumnos _____ en la clase de inglés.
4. Nosotros _____ cansados.
5. Madrid _____ en España.
6. La señora _____ cansada.

7. Ellas _____ en casa.

8. Juan _____ en el restaurante de la esquina.

9. Cuando él _____ aquí, trabaja mucho.

10. Cuando ella _____ enferma, no trabaja.

11. Mi camisa no _____ sucia.

12. _____ limpia.

D. *Use la forma correcta de* SER *o* ESTAR, *según la oración:*

1. Mi padre _____ en América del Sur.

2. Nosotros _____ alumnos.

3. La camisa de Juan _____ blanca.

4. Su (his) camisa _____ un poco sucia.

5. ¿Dónde _____ los libros?

6. Mi profesor _____ muy enfermo.

7. El señor Smith _____ profesor de inglés.

8. Mi padre _____ muy viejo.

9. La casa _____ muy alta.

10. El dinero _____ sobre la mesa.

11. El libro negro _____ del profesor.

12. ¿Dónde _____ Juan y Ricardo?

13. Juan _____ en la escuela; María _____ en casa.

14. La madre de Elena _____ muy bonita.

15. Su (his) padre _____ muy inteligente.

E. *Use la forma correcta del pronombre:*

1. _____ estoy un poco cansado. (*Yo* estoy un poco cansado.)

2. _____ estamos cansados.

3. _____ somos alumnos.

4. _____ están un poco cansados.

5. _____ está enfermo hoy.

6. _____ está enferma hoy.

7. _____ están en México ahora.

8. _____ es muy simpático.

9. _____ es muy alto.

10. _____ estoy muy nervioso hoy.
11. _____ es una persona muy nerviosa.
12. _____ somos amigos.

F. *Use la primera persona del singular:*

1. El está en Nueva York. (*Yo* estoy en Nueva York.)
2. El vive en la calle Obispo.
3. El es estudiante.
4. El estudia en la misma clase de Juan.
5. El está bien hoy.
6. El escribe muchas cartas.
7. El es americano.
8. El siempre come en casa.
9. El lee un libro de español.
10. El es muy aplicado.

G. *Repita el ejercicio F pero use la primera persona del plural (Nosotros). Repita las oraciones otra vez pero use la segunda persona del plural (Ustedes).*

H. *Seleccione la forma correcta:*

1. Juan (es, está) en su clase de inglés.
2. El (es, está) muy aplicado.
3. ¿Dónde (vive, viven) ustedes?
4. Yo (como, come) en casa todos los días.
5. Las muchachas de mi clase son muy (inteligente, inteligentes).
6. Los huevos (eggs) (son, están) en la mesa.
7. ¿Son libros (nuevos, nuevas)?
8. Sí, (son, están) nuevos.
9. El libro (del, de el) profesor es nuevo.
10. Su padre (es, está) en París ahora.
11. El (escribo, escribe) muchas cartas.
12. Nosotras somos (amigos, amigas).
13. El no (es, está) médico.
14. Las lecciones de hoy son (fácil, fáciles).

# I. *Conteste estas preguntas:*

1. ¿Es usted profesor o alumno?
2. ¿Es el sombrero de Juan nuevo o viejo?
3. ¿Dónde está el sombrero de Juan, sobre la silla o sobre la mesa?
4. ¿Está el padre de Enrique en Panamá o en México?
5. ¿Está usted contento con su (your) progreso en español?
6. ¿Está el profesor de pie o sentado?
7. ¿Estás de pie o sentado?
8. ¿Es la camisa de Eduardo blanca o azul?
9. ¿Está la camisa de Eduardo limpia o sucia?
10. ¿Por qué está Enrique tan cansado hoy?
11. ¿Cómo está usted hoy?
12. ¿Es Enrique un alumno diligente o perezoso?
13. ¿Dónde está usted?
14. ¿De dónde es usted?

# LECCION 6

**15. THE VERB TENER (TO HAVE):** The verb *tener* (to have) is conjugated thus:

| | |
|---|---|
| yo *tengo* | nosotros *tenemos* |
| tú *tienes* | (vosotros *tenéis*) |
| usted *tiene* | ustedes *tienen* |
| él, ella *tiene* | ellos, ellas *tienen* |

a) *Tener* is used exactly like the verb *to have* in English, to express possession or property:

> Yo *tengo* poco dinero.
> Juan *tiene* un libro.

b) *Tener* is also used idiomatically in Spanish with certain nouns to indicate physical or mental condition:
With these expressions *mucho* is used to express *very*.

| | |
|---|---|
| *Tienen mucha sed.* | *They are very thirsty.* |
| *Tengo mucha hambre.* | *I am very hungry.* |
| Él *tiene mucho frío.* | *He is very cold.* |
| *Tengo mucho calor.* | *I am very warm.* |
| *Tiene mucha razón.* | *You are quite right.* |
| No *tenemos miedo.* | *We are not afraid.* |
| Ella *tiene prisa.* | *She is in a hurry.* |
| Ellos *tienen sueño.* | *They are sleepy.* |

c) *Tener* is also used to express age:

> El *tiene diez años.*
> La catedral *tiene 100 años.*

**16. TENER QUE:** The verb *tener,* followed by *que* with an infinitive, is often used in Spanish to express obligation or necessity.

> Yo *tengo que estudiar* mucho.
> El *tiene que preparar* su discurso.

(Compare the similar use in English of the verb *to have* with an accompanying infinitive: I *have to study,* you *have to study,* etc.)

26

**17.** OMISSION OF INDEFINITE ARTICLE: Under rule 3 we learned that an indefinite article is not used in Spanish before a predicate noun which expresses nationality or profession. If, however, the predicate noun is modified by an adjective then an article is used.

El *es* médico.

(But)   El *es* *un* médico famoso.

## EJERCICIOS

A. *Use la forma correcta del verbo* TENER:

1. Yo _____ un libro nuevo. (Yo *tengo* un libro nuevo.)
2. María _____ un sombrero gris.
3. ¿Cuántos años _____ usted?
4. Todos los alumnos _____ libros de español.
5. Mi hermano _____ 30 años.
6. Tú _____ muchas amigas.
7. Cada alumno _____ un cuaderno.
8. Yo no _____ lápiz.
9. ¿ _____ usted pluma?
10. Ella _____ mucho frío.
11. Yo _____ calor.
12. Nosotros _____ hambre.

B. *Use el pronombre correspondiente:*

1. _____ tenemos muchos libros. (*Nosotros* tenemos muchos libros.)
2. _____ tengo mucha sed.
3. _____ tiene muchos años.
4. _____ tienen muchos amigos.
5. _____ tenemos frío.
6. ¿Cuántos años tiene _____ ?
7. _____ tengo muchos amigos en mi clase de inglés.
8. _____ también tiene muchos amigos en su clase de inglés.
9. _____ tenemos mucho trabajo hoy.
10. _____ tienen un profesor bueno.

C. *Llene los espacios con la forma correcta de* TENER QUE:

1. El _____ trabajar mucho. (El *tiene que* trabajar mucho.)
2. Nosotros _____ esperar aquí.
3. Ellos _____ ir a la escuela todos los días.
4. Ella _____ escribir muchas cartas.
5. Yo _____ estar en mi clase temprano.
6. Nosotros _____ preparar la lección en casa.
7. Tú _____ escribir una composición para tu clase de inglés.
8. Yo también _____ escribir una composición.
9. María _____ ir al hospital mañana.
10. Ellos _____ venir aquí mañana.
11. Yo _____ ir al médico.
12. El señor González _____ dar una clase hoy.

D. *Use la forma correcta de* TENER QUE *en lugar de* DEBER. *Siga el modelo.*

1. Juan *debe* estudiar más. (Juan *tiene que* estudiar más.)
2. Ella debe ir a ver al médico.
3. Debemos estar en la clase temprano mañana.
4. Deben ser más aplicados.
5. El debe practicar las palabras nuevas.
6. Los alumnos deben aprender diez palabras nuevas cada día.
7. Enrique y su hermano deben estudiar más.
8. Debo estudiar mucho.
9. Debemos tener más práctica en conversación.
10. Debo comprar un traje nuevo.
11. Cada alumno debe tener un lápiz y un cuaderno.
12. Debe ir allí inmediatamente.

E. *Use la forma correcta del verbo* DEBER *en lugar de* TENER QUE. *Siga el modelo:*

1. Ellos *tienen que* estudiar más. (Ellos *deben* estudiar más.)
2. Tengo que ir a la escuela mañana temprano.

3. Juan tiene que escribir una composición para su clase de inglés.
4. María y Enrique tienen que ir al hospital.
5. Tenemos que comer temprano.
6. Tengo que ir con ellos al hospital.
7. El tiene que comer más legumbres.
8. Tengo que comprar un nuevo libro de matemáticas.
9. El profesor tiene que preparar su conferencia.
10. Tenemos que leer muchos libros.

F. *Use un artículo indefinido cuando sea necesario:*

1. El es _____ médico.
2. El es _____ médico joven.
3. El señor Alvarez es _____ ingeniero.
4. Es _____ arquitecto también.
5. Es _____ arquitecto famoso.
6. Hoy es _____ día bueno.
7. María es _____ muchacha bonita.
8. La hermana de María es _____ profesora.
9. Es _____ profesora de inglés.
10. Dicen (they say) que es _____ magnífica profesora.
11. Soy _____ alumno.
12. Eres _____ alumno aplicado.

G. *Seleccione la forma correcta:*

1. El (tiene, tienen) diez años.
2. Ricardo y Elena (tienen, tiene) que ir a la escuela.
3. Ellos son muy (aplicado, aplicados).
4. Juan estudia para (ser, estar) médico.
5. Yo (como, come) en casa todos los días.
6. Enrique (estudio, estudia) mucho.
7. Yo (tengo, tiene) mucho frío.
8. María tiene (mucho, mucha) sed.
9. Yo tengo (mucho, mucha) hambre.
10. ¿Dónde (vive, vives) tú?
11. Las lecciones de hoy son (difícil, difíciles).
12. ¿Dónde vive (usted, ustedes)?

13. El señor Alvarez (es, está) en el otro cuarto.

14. El (es, está) un hombre muy inteligente.

H.  *Conteste estas preguntas:*

1. ¿Tiene usted muchos o pocos amigos en la escuela?
2. ¿Cuántos años tiene su amigo Eduardo?
3. ¿Cuántos años tiene Elena?
4. ¿Por qué tiene el niño miedo a la oscuridad?
5. ¿Tiene usted miedo a la oscuridad?
6. ¿A qué hora tiene usted hambre todos los días?
7. ¿Qué hace usted (what do you do) cuando tiene hambre?
8. ¿Abre usted la ventana cuando tiene frío o cuando tiene calor?
9. ¿Cuántas horas tiene que estudiar usted todas las noches?
10. ¿Cuántos días por semana tiene usted que venir a esta clase?
11. ¿Cuántas veces al año tiene que ir usted a ver al dentista?
12. ¿Tienen que hacer ustedes muchos o pocos ejercicios en su clase de español?

# LECCION 7

**18. POSSESSIVE ADJECTIVES:** The possesive adjectives are:

| | | | | | |
|---|---|---|---|---|---|
| mi, | mis | *my* | nuestro, -a, -os, -as | *our* |
| tu, | tus | *your* | vuestro, -a, -os, -as, | *your* |
| su, | sus | *your, his* *her, its* | su, sus | *your, their* |

a) In Spanish the possessive adjectives agree in number and gender with the thing possessed and not, as in English, with the possessor.

| | |
|---|---|
| Tengo que leer *mi libro.* | I have to read *my book.* |
| Tengo que estudiar *mis lecciones.* | I have to study *my lessons.* |
| Juan es *nuestro amigo.* | John is *our friend.* |
| María es *nuestra amiga.* | Mary is *our friend.* |
| Juan y María son *nuestros amigos.* | John and Mary are *our friends.* |

b) Note that *su* may mean *your, his, her, its,* and *their.*

> Juan tiene *su (his)* libro.
> María tiene *su (her)* libro.
> Ellos tienen *su (their)* libro.

c) Frequently in Spanish the context of the sentence will clarify the meaning of *su* and *sus.* Occasionally, however, it is necessary to replace *su* and *sus* with the form *de usted, de él, de ella, de ustedes, de ellos,* or *de ellas* in order to avoid ambiguity.

| *Ambiguous* | *Clear* |
|---|---|
| *Su* casa es grande. | La casa *de usted* es grande. |
| *Su* libro está en la mesa. | El libro *de él* está en la mesa. |
| *Su* madre se llama Juana. | La madre *de ella* se llama Juana. |
| *Sus* amigos están aquí. | Los amigos *de ustedes* están aquí. |
| *Sus* profesores son buenos. | Los profesores *de ellos* son buenos. |
| *Sus* lecciones son difíciles. | Las lecciones *de ellas* son difíciles. |

**19.** THE IRREGULAR VERBS *IR* AND *VER* : There are many irregular verbs in Spanish whose conjugations differ in one way or another from those of regular verbs. Each such irregular verb must be studied separately. The conjugations of *ir* (*to go*) and *ver* (*to see*) follow:

*ir—voy, vas, va, vamos, vais, van.*
*ver—veo, ves, ve, vemos, veis, ven.*

a) Ir a (+ infinitive) is an idiomatic expression equivalent to the English expression *to be going to* (do something). As in English, it is often used for the future.

| | |
|---|---|
| *Voy a estudiar* ahora. | *I am going to study* now. |
| El examen *va a ser* difícil. | The exam *is going to be* difficult. |
| *Voy a escribir* una composición. | *I am going to write* a composition. |
| *Vamos a leer* la lección. | *We are going to read* the lesson. |

b) Vamos a (+ infinitive) is also an idiomatic expression meaning *let's* (do something).

| | |
|---|---|
| *Vamos a hablar* español. | *Let's speak* Spanish. |
| *Vamos a abrir* la ventana. | *Let's open* the window. |

# EJERCICIOS

**A.** *Continúe la conjugación:*

1. Yo tengo *mi* dinero. (Tú tienes *tu* dinero. Usted tiene *su* dinero. Etc.)
2. Yo veo a *mi* amiga.
3. Yo estoy con *mis* amigos.
4. Yo voy a *mi* clase.
5. Yo estudio *mis* ejercicios.
6. Yo aprendo *mi* lección.
7. Yo voy a la casa de *mi* amigo.
8. Yo veo *mis* libros sobre la mesa.

**B.** *Use la forma del adjetivo posesivo que corresponde al sujeto de la oración:*

1. Juan estudia _____ lección. (Juan estudia *su* lección.)
2. Yo estudio _____ lección.
3. Lees _____ composición.
4. Nosotros vamos a _____ clase de inglés.
5. Ellos van a _____ clase de inglés.

6. Ella siempre estudia en la casa de _____ amiga.
7. Voy al cine (movies) con _____ amigos.
8. Carlos va a Nueva York con _____ padre.
9. Todos los alumnos están en _____ clases ahora.
10. Juan no está en _____ clase.
11. Nosotros leemos cuentos en _____ libros de español todos los días.
12. Elena escribe una carta a _____ amigo todos los días.

C. *Use la forma correcta del verbo* IR:

1. Yo _____ a mi clase todos los días. (Yo *voy* a mi clase todos los días.)
2. Carlos _____ a Nueva York con su padre.
3. Las muchachas _____ al cine todas las noches.
4. Nosotros _____ a nuestra clase de español ahora.
5. ¿A dónde _____ usted?
6. ¿A dónde _____ ustedes?
7. Ellos _____ al restaurante de la esquina.
8. Yo siempre _____ al cine los sábados.
9. María _____ a Miami mañana.
10. Ellos _____ a su clase de inglés.
11. Yo _____ con ellos.
12. ¿No _____ Carlos con usted?

D. *Use la forma correcta del verbo* VER:

1. Yo _____ mi libro sobre la mesa. (Yo *veo* mi libro sobre la mesa.)
2. Ellos no _____ la pizarra desde sus asientos.
3. Carlos no _____ la pizarra desde su asiento.
4. ¿ _____ usted la pizarra desde su asiento?
5. Nosotros _____ todas las películas (movies) nuevas.
6. La profesora _____ inmediatamente los errores en nuestras composiciones.
7. María y yo _____ todas las películas nuevas.
8. María y su hermano _____ todas las películas nuevas.
9. ¿ _____ usted el error en mi oración?
10. Carlos necesita anteojos (glasses). El no _____ bien.

E. *Use la tercera persona singular (El). Tenga cuidado de cambiar al mismo tiempo el adjetivo posesivo que corresponde:*

1. Yo veo un error en *mi* composición. El ve un error en *su* composición.)
2. Yo voy a mi clase de español.
3. Yo estudio mi lección.
4. Yo tengo mis libros aquí.
5. Yo voy con mis amigos al cine.
6. Yo veo a mi amigo en la calle.
7. Yo leo mi periódico todas las mañanas.
8. Yo escribo mis ejercicios.
9. Yo no comprendo mi lección.
10. Yo no estudio mi lección.

F. *Repita el ejercicio E usando la tercera persona del plural (Ellos). Repítalo una vez más usando la primera persona del plural (Nosotros).*

G. *Seleccione la forma correcta:*

1. Tenemos que preparar (nuestras, nuestros) lecciones.
2. Necesito anteojos. No (ve, veo) bien.
3. ¿Dónde (vive, viven) usted?
4. El es (español, un español).
5. El no (voy, va) a clase hoy.
6. ¿Dónde (vive, viven) el señor y la señora López?
7. ¿Dónde (están, son) sus libros?
8. Voy con (mi, mis) amigos al cine.
9. Nosotros (van, vamos) al cine muy a menudo.
10. María (va, va a) estudiar con nosotros.
11. ¿Son (fácil, fáciles) los ejercicios hoy?
12. Los alumnos no (son, están) en la clase ahora.
13. Su corbata (es, está) bonita.
14. Carlos (es, está) de México.
15. Voy a (leo, leer) el periódico.

*Conteste estas preguntas:*

1. ¿Cuántos alumnos hay en la clase de usted?
2. ¿Cuántas muchachas hay en su clase?
3. ¿Cuántos muchachos hay en su clase?
4. ¿Escribe usted sus ejercicios con lápiz o con pluma?
5. ¿Leen ustedes en clase sus composiciones en voz alta?
6. ¿Va usted al cine solo o con sus amigos?
7. ¿Ve usted todas las nuevas películas?
8. ¿Por qué van Eduardo y su hermano al cine con tanta frecuencia (so often)?
9. ¿Por qué va el señor López a Nueva York con tanta frecuencia?
10. ¿Va usted a la escuela todos los días a pie o en autobús?
11. ¿Cómo van a la escuela los otros alumnos?
12. ¿Ve usted bien la pizarra desde su asiento?

# LECCION 8

**20.** DEMONSTRATIVE ADJECTIVES: The demonstrative adjectives follow:

| SINGULAR | | PLURAL | |
|---|---|---|---|
| *Masculino* | *Femenino* | *Masculino* | *Femenino* |
| este | esta | estos | estas |
| ese | esa | esos | esas |
| aquel | aquella | aquellos | aquellas |

a) The demonstrative adjectives generally correspond with the adverbs *aquí, ahí* and *allí.*

> *este* libro (aquí)—*this book.*
> *esa* pluma (ahí)—*that pen.*
> *aquella* pluma (allí)— *that pen over there, at a distance.*

b) The demonstrative adjectives (*este, ese, aquel*) are also used as demonstrative pronouns. Note, however, that when used as pronouns they always carry an accent: *éste, ése, aquél.*

> Hay dos cartas. *Ésta* es para usted; *aquélla* es para María.

c) The special demonstrative pronouns *esto, eso,* and *aquello* are neuter. They are used to indicate some general idea or something not mentioned by name. They cannot represent nouns because there are no neuter nouns in Spanish.

> *Eso* es.
> *Esto* es verdad.
> ¿Qué es *esto*?

**21.** IRREGULAR VERBS—Continued: Note that the following verbs, all of which are verbs of the second conjugation, are irregular only in the first person singular.

> hacer (to do, make)—*hago, haces, hace, hacemos,* etc.
> poner (to put)—*pongo, pones, pone, ponemos,* etc.
> saber (to know)—*sé, sabes, sabe, sabemos,* etc.
> caer (to fall)—*caigo, caes, cae, caemos,* etc.

# EJERCICIOS

A. *Use la forma correcta de* ESTE:

1. _____ pluma (*esta* pluma)
2. _____ cuaderno
3. _____ cuadernos
4. _____ hombre
5. _____ hombres
6. _____ muchacha.
7. _____ muchachas
8. _____ muchachos altos
9. _____ lápiz verde
10. _____ página

B. *Use la forma correcta de* ESE:

1. _____ mesa (*esa* mesa)
2. _____ plumas
3. _____ mes
4. _____ estudiante
5. _____ mujer
6. _____ mujeres
7. _____ amigos
8. _____ lecciones
9. _____ pregunta fácil
10. _____ país

C. *Use la forma correcta de* AQUEL:

1. _____ muchacha (*aquella* muchacha)
2. _____ muchachos
3. _____ países
4. _____ día
5. _____ escuela
6. _____ colegio
7. _____ profesora
8. _____ lápices verdes
9. _____ naciones unidas
10. _____ alumnos

D. *Llene los espacios en blanco, usando* ESTE, ESE *y* AQUEL *en cada oración. Lea cada oración tres veces. Siga el modelo.*

1. _____ pluma es de María. (*Esta* pluma es de María. *Esa* pluma es de María. *Aquella* pluma es de María.)
2. _____ manzana es roja.
3. Todos _____ libros son del profesor.
4. _____ árbol es alto.
5. _____ muchachos van al parque.
6. _____ niños son bonitos.
7. _____ árbol alto es un manzano.
8. _____ árboles son manzanos.
9. _____ muchachas son inteligentes.
10. _____ hombre es famoso.

E. *Cambie al plural las palabras en letra cursiva:*

1. Este *libro* es negro. (Estos *libros* son negros.)
2. Ese *árbol* es un manzano.
3. *Aquél* no es un manzano.·
4. Aquel *automóvil* es del padre de Luis.
5. Aquel *muchacho* es muy aplicado.
6. Ese *libro* es caro, pero *éste* no lo es.
7. Esta *pluma* es vieja.
8. *Ésa* es nueva.
9. *Ésta* es de María pero *aquélla* es del profesor.
10. Aquel *perro* es de Felipe.

F. *Use la forma correcta del verbo* HACER:

1. Juan siempre _____ sus ejercicios bien.
2. Nosotros _____ nuestras tareas en casa.
3. ¿Dónde _____ usted sus tareas?
4. María y yo _____ nuestras tareas juntos.
5. Ricardo y Juan _____ mucho ruido (noise) en la clase.
6. Yo nunca _____ mi tarea.
7. ¿Qué _____ después de tu clase de inglés todos los días?
8. ¿Qué _____ Elena?

9. Nuestro perro _____ mucho ruido.
10. Los muchachos _____ mucho ruido en la calle.

G. *Use la forma correcta del verbo* PONER:

1. Yo _____ mis libros sobre la mesa.
2. Ellos no _____ atención (pay attention) durante la lección.
3. ¿ _____ tú atención?
4. Nosotros nunca _____ atención en la clase.
5. Mi madre _____ la mesa (sets the table) para la comida.
6. ¿Qué _____ ella sobre la mesa?
7. El profesor _____ sus libros en su escritorio.
8. ¿Dónde _____ usted sus libros después de la clase?

H. *Use la forma correcta del verbo* SABER:

1. Yo no _____ dónde está Juan.
2. Elena _____ francés.
3. Ellos _____ la lección.
4. Nosotros _____ inglés, pero no español.
5. ¿Por qué no _____ Elena la lección hoy?
6. ¿Por qué no _____ ustedes la lección hoy?
7. Yo _____ donde están los libros de usted.
8. ¿ _____ tú la dirección (address) de Felipe?

I. *Use la forma correcta de los verbos entre paréntesis:*

1. Los alumnos siempre _____ (hacer) mucho ruido en la clase.
2. En esa estación del año las hojas (leaves) _____ (caer) de los árboles.
3. La nieve _____ (caer) lentamente.
4. Yo no _____ (ver) bien sin lentes (glasses).
5. Yo _____ (ver) a los amigos de Juan en la esquina.
6. ¿A dónde _____ (ir) usted ahora?
7. Yo _____ (ir) a mi clase.
8. Luis y Roberto _____ (ir) al cine esta noche.
9. ¿ _____ (ir) usted con ellos?

39

10. Ellos _____ (ver) todas las películas nuevas.
11. Tú _____ (saber) español.
12. Ellos _____ (poner) atención en la clase.
13. Yo también _____ (poner) atención en la clase.
14. Muchas veces yo no _____ (comprender) las reglas.
15. El señor Andino _____ (enseñar) español.
16. El _____ (explicar) todas las reglas muy bien.

**K.** *Conteste estas preguntas:*

1. ¿Es éste su libro o el libro de Pablo?
2. ¿Son éstos sus guantes o son de María?
3. ¿De quién es este cuaderno?
4. ¿Es ése su lápiz o mi lápiz?
5. ¿De quién son estas plumas?
6. ¿Son blancas o grises aquellas sillas?
7. ¿Son esos hombres sus amigos o los amigos de Eduardo?
8. ¿De quién es este borrador (eraser)?
9. ¿Pone usted mucha o poca atención en la clase?
10. ¿Ponen los otros alumnos mucha o poca atención?
11. ¿Sabe usted español?
12. ¿Sabe usted más español que inglés?
13. ¿Hacen los alumnos mucho o poco ruido en la clase?
14. ¿En qué mes del año caen las hojas de los árboles?

# LECCION 9

**22.** USE OF THE PREPOSITION *A*: The preposition *a* is always used before the indirect object (i. e., the person or thing to whom something was done or given).

> ¿*A quién* le da ella el libro?
> Ella le da el libro *a Juan*.
> El enseña matemáticas *a Elena*.

a) The preposition *a* is also used before the direct object in Spanish if the direct object is a person, a proper name, or an animal bearing a proper name.

| | |
|---|---|
| El ve el libro nuevo. | El ve *a* su hermano y a Juan. |
| Ella busca* su lápiz. | Ella busca *a* Rosa. |

\* busca: from regular verb *buscar* (to look for)

Note that after the verb *tener* the preposition *a* is not used before the direct object—

> El *tiene* dos hermanos.

**23.** IRREGULAR VERBS—Continued: The following verbs, like those of the previous lesson, are irregular only in the first person singular of the present tense.

> dar (to give)—*doy, das, da, damos, dais, dan*
> salir (to leave)—*salgo, sales, sale, salimos, salís, salen*
> traer (to bring)—*traigo, traes, trae, traemos, traéis, traen*
> valer (to be worth)—*valgo, vales, vale, valemos, valéis, valen*

## EJERCICIOS

A. *Use* A (*o* AL), *si es necesario, en los espacios en blanco:*

1. Busco ........... mi padre.
2. Buscan ........... sus libros.
3. Veo ........... mi amiga en la esquina.

4. Yo no veo _____ las palabras en la pizarra.
5. Yo tengo _____ varios amigos en México.
6. El profesor tiene _____ muchos alumnos.
7. Enseña _____ muchos alumnos.
8. Enrique contesta _____ las preguntas del profesor.
9. El contesta _____ profesor.
10. El trae _____ muchos libros a la clase.
11. A veces trae _____ una amiga a la clase.
12. Pregunto _____ profesor.

B. *Use cada palabra de los paréntesis para terminar la oración. Use también* A (o AL) *cuando sea necesario y explique por qué.*

1. Yo veo _____ (el libro, Elena, profesor, la calle, el automóvil, la profesora, mi amigo, médico).
2. Juan busca _____ (un lápiz, Enrique, su amiga, los alumnos, su perro, el gato, las flores, su madre).
3. El enseña _____ (las reglas, la clase, María, muchacho, la muchacha, la gramática, los alumnos).
4. Ella trae _____ (muchos libros, muchas amigas, su primo, su prima, médico, Ana, Carlos, un amigo).
5. Enrique contesta _____ (las preguntas, la carta, profesor, María, su padre, la profesora).

C. *Use la forma correcta del verbo* DAR:

1. El señor López _____ lecciones de español.
2. ¿A quién _____ yo mis ejercicios?
3. Nosotros _____ nuestros ejercicios al profesor todos los días.
4. La profesora _____ mucho trabajo a sus alumnos.
5. El _____ poco dinero a su esposa.
6. Enrique _____ una propina (tip) al camarero.
7. Yo también _____ una propina al camarero.
8. ¿ _____ tú una propina al camarero?
9. El profesor _____ lecciones privadas en su casa.
10. Nosotros _____ un paseo por el parque todos los domingos.

D. *Use la forma correcta del verbo* SALIR:

1. El señor González _____ a las ocho.
2. Yo _____ de mi casa temprano todos los días.
3. ¿A qué hora _____ usted de casa?
4. Ellos _____ para Boston mañana.
5. María _____ con ellos.
6. ¿Quién _____ hoy para Caracas?
7. El avión _____ a las cinco.
8. El profesor _____ para México el miércoles.
9. Yo _____ de la escuela a la misma hora.
10. ¿A qué hora _____ ustedes?

E. *Use la forma correcta de* TRAER:

1. Enrique _____ todos sus libros a la escuela.
2. Yo nunca _____ todos mis libros a la escuela.
3. ¿ _____ usted todos sus libros a la escuela.
4. A veces tú _____ a un amigo a la clase de inglés.
5. Mi padre siempre _____ cosas interesantes de la ciudad.
6. Yo _____ mis tareas a la escuela todos los días.
7. ¿ _____ tú muchos libros a la escuela?
8. ¿Por qué no _____ usted a María a la fiesta?
9. Juan algunas veces _____ una muchacha bonita a las fiestas.
10. El señor Gómez _____ el paraguas a su oficina algunas veces.

F. *Use la forma correcta del verbo entre paréntesis:*

1. ¿A qué hora _____ (salir) el autobús para Miami?
2. Ese libro _____ (valer) dos dólares.
3. ¿Cuánto _____ (valer) esas plumas?
4. Tú _____ (hacer) muchos regalos a tus amigos.
5. María y yo _____ (hacer) todas nuestras tareas en casa.
6. Nosotros _____ (ir) al cine todos los sábados.
7. ¿ _____ (ir) usted al cine con frecuencia?

8. Yo no _____ (ver) las palabras en la pizarra.

9. El señor Alvarez _____ (salir) de su casa a la misma hora todas las mañanas.

10. Ellos _____ (salir) pronto para Nueva York.

11. Yo _____ (poner) mis libros sobre la mesa.

12. Enrique y su hermano no _____ (poner) atención en la clase.

13. Nosotros siempre _____ (poner) atención.

14. Ellos _____ (saber) español.

15. Yo no _____ (saber) donde están mis libros.

16. Juan y su padre _____ (ir) al parque muy a menudo.

G. *Seleccione la forma correcta:*

1. Ella (doy, da) muchos regalos a sus amigas.

2. Yo (hace, hago) mis tareas en casa.

3. Los alumnos (hace, hacen) mucho ruido.

4. (Estas, Estos) libros son del profesor.

5. Busco (a, al) profesor.

6. Veo (mi amigo, a mi amigo) en la calle.

7. (Aquel, Aquella) carta es de María.

8. Yo no (sé, sabe) español.

9. Yo nunca (fuma, fumo) en la calle.

10. Los ejercicios de hoy no son (fácil, fáciles).

11. (Nosotros, Nosotras) somos muchachas aplicadas.

12. (Esta, Este) pluma no sirve.

13. Este libro es nuevo, pero (aquél, aquélla) es viejo.

14. Los alumnos (son, están) en el patio.

15. Mi camisa (es, está) azul.

H. *Conteste estas preguntas:*

1. ¿Ve usted a su amigo Juan todos los días o solamente el sábado?

2. ¿Tiene usted muchos o pocos amigos en la escuela?

3. ¿A quién busca María?

4. ¿Quién enseña a Eduardo matemáticas?

5. ¿Contestan ustedes al profesor en inglés o en español?

6. ¿A qué hora sale usted de su casa todas las mañanas?
7. ¿A qué hora salen los alumnos de la escuela todos los días?
8. ¿Trae usted muchos o pocos libros a la clase?
9. ¿A qué hora trae el cartero las cartas?
10. ¿Cuánto vale este libro?
11. ¿Cuánto vale una docena de huevos? ¿Una libra (pound) de mantequilla (butter)? ¿Una libra de azúcar (sugar)?
12. ¿A quién entregas tus ejercicios cuando llegas a la clase?

# LECCION 10

**24.** IRREGULAR VERBS—Continued: The following common verbs are also irregular. They are more irregular than those studied in the last two lessons in that they change in the first person singular and also in the vowel of the stem. (The *stem* or *root* of a verb is that which remains after the ending has been removed.) The following verbs must be studied separately.

decir (to say)—*digo, dices, dice, decimos, (decís), dicen*
oír (to hear)—*oigo, oyes, oye, oímos, (oís), oyen*
venir (to come)—*vengo, vienes, viene, venimos, (venís), vienen*
querer (to wish, want)—*quiero, quieres, quiere, queremos, (queréis), quieren*
poder (to be able)—*puedo, puedes, puede, podemos, (podéis), pueden*

**25.** FORMATION OF ADVERBS: Many adverbs are formed from the corresponding adjectives, simply by adding the ending *-mente* to the feminine singular of the adjective:

correcto—correctamente.
fácil*—fácilmente.

(When two or more adverbs modify the same word, *-mente* is added only to the last one: *El habla clara y correctamente.*)

## EJERCICIOS

A. *Use la forma correcta de* DECIR:

1. Pedro _____ que está muy ocupado.
2. Ellos _____ que están ocupados.
3. Yo siempre _____ la verdad.
4. Tú nunca _____ la verdad.

---

\* Remember that only adjectives ending in *-o* change the *-o* to *-a* for the feminine. Other adjectives have only one form for the masculine and feminine.

5. Rosa y Elena _____ que van al cine esta noche.
6. Ricardo _____ que la película es buena.
7. El _____ que no quiere aprender español.
8. El profesor _____ que están equivocados (mistaken).
9. Yo ·_____ que la gramática no es difícil.
10. Muchas veces nosotros no _____ lo que queremos decir.

B. *Use la forma correcta de* OÍR:

1. Yo no _____ bien la música desde mi asiento.
2. ¿_____ usted la música bien desde su asiento?
3. Raquel dice que _____ muy bien.
4. ¿ _____ ustedes ese ruido en la calle?
5. El señor González no _____ bien. Es sordo.
6. Yo _____ muy bien.
7. Juan dice que no _____ bien al profesor.
8. Yo _____ muy bien al profesor.
9. Enrique también dice que _____ bien al profesor.
10. El y yo _____ cada palabra que el profesor dice.

C. *Use la forma correcta de* VENIR:

1. Lolita _____ aquí todos los días.
2. Yo _____ a la escuela a pie.
3. ¿ _____ usted a la escuela a pie o en autobús?
4. ¿Cómo _____ Enrique y Pedro a la escuela?
5. El camarero _____ a nuestra mesa ahora.
6. ¿Por qué no _____ tú a la fiesta esta noche?
7. ¿ _____ usted a la fiesta?
8. El profesor _____.
9. Enrique _____ pero su hermano no _____.
10. El señor Alvarez siempre _____ a la escuela en autobús.

D. *Use la forma correcta de* QUERER:

1. Raquel no _____ ir al cine con nosotros.

2. ¿ _____ tú ir con nosotros?

3. Enrique dice que _____ ir.

4. ¡Gracias! Pero yo no _____ ir.

5. Los alumnos dicen que _____ aprender español bien.

6. Elena dice que no _____ ir al parque el domingo.

7. ¿ _____ usted ir al parque?

8. Yo no _____ comer en ese restaurante.

9. ¿ _____ ustedes dar un paseo por la Quinta Avenida?

10. Pablo dice que _____ ir.

E. *Use la forma correcta de* PODER:

1. Pedro no _____ ver la pizarra desde su asiento.

2. ¿ _____ usted ver la pizarra desde su asiento?

3. Nosotros no _____ ir al cine esta noche.

4. Yo _____ ir pero María no _____ .

5. Algunos alumnos de la clase _____ hablar español bien.

6. Algunos no _____ comprender (understand) bien las reglas gramaticales.

7. ¿ _____ usted recordar fácilmente las reglas gramaticales.

8. Tomás y Carlos no _____ ir a la fiesta esta noche.

9. Yo no _____ ir esta noche tampoco.

10. ¿ _____ ir tú?

F. *Cambie a la tercera persona del singular (El):*

1. *Yo* quiero aprender español bien. (*El* quiere aprender español bien.)

2. Yo vengo a la escuela a pie.

3. Yo sé bailar bien.

4. Yo hago mis tareas en casa.

5. Yo siempre digo la verdad.

6. Yo no oigo bien al profesor.

7. Yo quiero ir al cine esta noche.

8. Yo salgo de mi casa a la misma hora todos los días.

9. Yo pongo mis libros sobre la mesa.

10. Yo voy al cine con frecuencia.
11. Yo escribo muchas cartas.
12. Yo traigo muchos libros a la escuela.


G. *Repita el ejercicio anterior F usando la primera persona del plural (Nosotros). Repítalo usando la tercera persona del plural (Ellos).*


H. *Use la forma adverbial del adjetivo entre paréntesis:*

1. Pedro siempre contesta _____ (correcto) a las preguntas del profesor.
2. _____ (general) llego a la escuela a tiempo.
3. Puedo hacer estos ejercicios _____ (fácil).
4. María escucha _____ (atento) al profesor.
5. Ella siempre contesta _____ (correcto) e _____ (inmediato) a sus preguntas.
6. _____ (natural) ella estudia mucho.
7. Enrique toca el piano _____ (divino).
8. Usted baila _____ (divino).
9. El profesor habla muy _____ (lento) en la clase.
10. Siempre explica _____ (claro) las lecciones.


I. *Seleccione la forma correcta:*

1. Yo no (veo, ve) bien la pizarra desde mi asiento.
2. (Nuestra, Nuestro) perro ladra mucho.
3. Fernando tiene (muchas, muchos) amigas.
4. Los alumnos (hace, hacen) mucho ruido en la clase.
5. ¿(Viene, Vengo) usted a la escuela en autobús?
6. Enrique y su hermano (viene, vienen) a la escuela a pie.
7. Yo (tengo, tiene) muchos libros.
8. (Estas, Estos) ejercicios no son difíciles.
9. El padre de Pedro (es, está) en México ahora.
10. Yo (sabe, sé) muchas palabras en español.
11. ¿Dónde (vivo, vive) usted?

12. Raquel y yo (van, vamos) al cine muy a menudo.
13. (Aquel, Aquella) automóvil es muy caro.
14. Raquel no (quiero, quiere) estudiar inglés.

J. *Conteste estas preguntas:*

1. ¿Por qué dice usted que la gramática española es difícil?
2. ¿Por qué dice Pablo que no quiere estudiar matemáticas este año?
3. ¿Viene usted a la escuela a pie o en autobús?
4. ¿Cómo vienen a la escuela los otros alumnos?
5. ¿Cómo viene el profesor a la escuela?
6. ¿Por qué no quiere usted ir al cine esta noche?
7. ¿Por qué no quieren Juan y Guillermo dar un paseo por el parque?
8. ¿Puede usted ver la pizarra bien desde su asiento?
9. ¿Pueden ustedes hablar bien español?
10. ¿Por qué dice Enrique que no puede ir a la fiesta con ustedes?
11. ¿Puede usted hacer estos ejercicios fácilmente o son difíciles?
12. ¿Habla el profesor en la clase lenta o rápidamente?

# LECCION 11

26. PAST TIME OR PRETERITE (EL PRETÉRITO): The simple past tense or so-called *pretérito* in Spanish is used to express any simple event or action in the past. It thus corresponds to the simple past tense in English. Such action, however, must be a completed past action. If it is a continuing past action then a second past tense is used in Spanish, the so-called imperfect past tense (*el imperfecto*), which we shall study in a later lesson.

Remember therefore that the preterite always indicates a past, completed action: *yo hablé* (I spoke); *él comió* (he ate); *ellos vendieron* (they sold), etc.

|  | *1ª conjugación* | *2ª conjugación* | *3ª conjugación* |
|---|---|---|---|
| yo | habl é | vend í | viv í |
| tú | habl aste | vend iste | viv iste |
| usted | habl ó | vend ió | viv ió |
| él, ella | habl ó | vend ió | viv ió |
| | | | |
| nosotros | habl amos | vend imos | viv imos |
| vosotros | (habl asteis) | (vend isteis) | (viv isteis) |
| ustedes | habl aron | vend ieron | viv ieron |
| ellos | habl aron | vend ieron | viv ieron |

(Note that verbs of the second and third conjugations have exactly the same endings in the preterite. Note also that with verbs of the first and third conjugations the first person plural of the preterite is the same as the first person plural of the present tense: *hablamos hoy, hablamos ayer*.)

27. ADJECTIVES—Continued: The student will possibly have observed that in Spanish not only do descriptive adjectives (*rojo, alto, hermoso*) have gender and number but also indefinite adjectives

51

(*mucho, poco, cuanto, mismo otro, junto*, etc.) suffer the same changes.

*mucho* dinero—*muchas* personas
*cuanto* dinero—*cuantas* semanas
el *mismo* mes—la *misma* cosa

## EJERCICIOS

A. *Continúe la conjugación:*

1. Yo hablé con él. (Tú hablaste con él. Usted habló con él. Etc.)
2. Yo vendí mis libros.
3. Yo aprendí español en México.
4. Yo estudié mis lecciones bien.
5. Yo recibí dos cartas.
6. Yo saludé al profesor.
7. Yo comí mucho.

B. *Llene los espacios en blanco con el pretérito de los verbos entre paréntesis (verbos de la primera conjugación):*

1. Ayer el señor González no _____ (enseñar) los verbos.
2. Nosotros _____ (llegar) tarde a la fiesta anoche.
3. Ellos _____ (hablar) mucho de su viaje a México.
4. El señor Alvarez _____ (pasar) dos años en México.
5. Eduardo y Ricardo no _____ (estudiar) la lección anoche.
6. Ellos _____ (contestar) mal a las preguntas del profesor.
7. ¿Quién _____ (robar) mi pluma?
8. Nadie _____ (robar) su pluma. Está sobre el escritorio.
9. Yo _____ (comprar) este traje el año pasado.
10. ¿Dónde _____ (comprar) tú esos zapatos?

11. El profesor _____ (comprar) varios libros en la ciudad.

12. El año pasado nosotros _____ (estudiar) español tres veces a la semana.

C. *Llene los espacios en blanco con el pretérito de los verbos entre paréntesis (verbos todos de la segunda y tercera conjugaciones):*

1. El año pasado el profesor _____ (escribir) dos libros nuevos.

2. ¿Cuándo _____ (recibir) usted la carta de Juan?

3. Yo no _____ (aprender) nada en esa clase el año pasado.

4. El dice que _____ (vivir) en Panamá diez años.

5. Yo no _____ (comprender) lo que escribió el profesor en la pizarra.

6. Eduardo _____ (beber) mucho vino en la fiesta anoche.

7. ¿Quién _____ (descubrir) América?

8. Colón _____ (descubrir) América en 1492.

9. El _____ (aprender) español en México.

10. Nosotros _____ (vender) todos nuestros libros al fin del curso el año pasado.

11. María _____ (subir) a su cuarto.

12. Tú _____ (abrir) la puerta al profesor.

D. *Cambie al pasado (pretérito):*

1. El vive en la calle Príncipe. (El *vivió* en la calle Príncipe.)

2. Yo visito a mi amigo.

3. María estudia cinco días a la semana.

4. Yo no comprendo bien al profesor.

5. El señor Uribe dirige nuestra escuela.

6. Los alumnos hablan español en la clase.

7. El profesor habla lentamente.

8. Ricardo toma mucho café.

9. Esta pluma pertenece a Román.

10. Tú contestas rápidamente a las preguntas del maestro.

11. ¿A quién escribe usted esa carta?
12. Nosotros escribimos muchas cartas a nuestros amigos.

E. *Cambie a la tercera persona singular (El):*

1. Vendí mis libros al fin del curso. (El *vendió* sus libros al fin del curso.)
2. Escribí una carta a Juan.
3. Compré esta camisa ayer.
4. Hablé con el profesor en español.
5. Viví en Panamá muchos años.
6. No saludé a Elena.
7. Abrí la puerta al profesor.
8. Bajé del autobús en la Quinta Avenida.
9. Subí al autobús en la calle 23.
10. Oí música hasta las doce anoche.
11. Estudié bien la lección.

F. *Repita el ejercicio anterior usando la primera persona del plural (Nosotros). Repítalo usando la tercera del plural (Ellos).*

G. *Use la forma correcta de los adjetivos entre paréntesis:*

1. Raquel tiene _____ (mucho) amigas.
2. Necesito _____ (otro) pluma.
3. Leo las _____ (misma) palabras todos los días.
4. ¿ _____ (cuánto) libros lee usted cada mes?
5. El viene aquí _____ (todo) los días.
6. Tiene muy _____ (poco) amigos.
7. Estos paquetes llegaron _____ (junto).
8. Cada alumno tiene que tener su _____ (propio) pluma.
9. Ellas llegaron _____ (junto).
10. ¿ _____ (cuánto) muchachas estudian en la clase de usted?

H. *Seleccione la forma correcta:*

1. Yo no (aprendí, aprendió) español en esa escuela.

2. Juan (estudió, estudié) inglés en Nueva York.
3. Tenemos exámenes (todas, todos) los días en nuestra clase de historia.
4. Tengo (mucho, mucha) sed.
5. (¿Cuánto, Cuántos) libros de español tiene usted?
6. ¿Dónde (aprendí, aprendió) usted español?
7. Ellos (llegó, llegaron) tarde a la fiesta anoche.
8. Este muchacho (es, está) enfermo.
9. El (tengo, tiene) dolor de cabeza.
10. Anoche yo (escribí, escribió) una carta a Elena.
11. Ella (vivo, vive) ahora en Nueva York.
12. Usted (puedo, puede) comprar esos libros en la tienda de la esquina.
13. La casa de Teresa (es, está) en una sección bonita.
14. Ellos van al cine (todos, todas) los sábados.
15. El llega a la escuela a tiempo (todos, todas) las mañanas.

I. *Conteste estas preguntas:*

1. ¿Vendió usted sus libros al fin del curso el año pasado?
2. ¿Dónde aprendió Elena a hablar francés tan bien?
3. ¿Por qué llegaste tarde a la escuela esta mañana?
4. ¿Por qué llegaron tarde María y Elena?
5. ¿Por qué no preparó usted bien sus lecciones anoche?
6. ¿Por qué no prepararon bien sus lecciones María y Elena?
7. ¿Cuánto pagó (pagar: to pay) usted por este libro?
8. ¿Cuánto pagó Pablo por su traje nuevo?
9. ¿Dónde compró usted sus zapatos nuevos?
10. ¿En qué año descubrió Colón América?
11. ¿Quién abrió las ventanas?
12. ¿Cuántos años vivió el señor López en México?

# LECCION 12

**28. REFLEXIVE VERBS:** Reflexive verbs are those whose action reflects back on their subject. This is done by means of a reflexive pronoun: *me, te, se, nos, (os), se.*

### LAVARSE*

| | |
|---|---|
| Yo *me* lavo. | I wash *myself.* |
| Tú *te* lavas. | You wash *yourself.* |
| Usted *se* lava. | You wash *yourself.* |
| El, (ella) *se* lava. | He (she) washes *himself* (*herself*). |
| | |
| Nosotros *nos* lavamos. | We wash *ourselves.* |
| Vosotros *os* laváis. | You wash *yourselves.* |
| Ustedes *se* lavan. | You wash *yourselves.* |
| Ellos (ellas) *se* lavan. | They wash *themselves.* |

Negative: Yo no me lavo, tú no te lavas, etc.
Interrogative: ¿Me lavo yo?, ¿Te lavas tú?, etc.

a) Many verbs are used reflexively in Spanish which are not used reflexively in English.

| | |
|---|---|
| Yo *me lavo* las manos. | *I wash* my hands. |
| El *se cansa* rápidamente. | *He tires* (*gets tired*) quickly. |
| Ella *se llama* Raquel. | *Her name* is Raquel. |

b) Other common reflexive verbs are:

> levantarse, *to get up*
> prepararse, *to get ready*
> ponerse, *to put on* (*oneself*), *to become*
> quitarse, *to take off* (*of oneself*)
> aburrirse, *to get bored*
> equivocarse, *to be mistaken*
> enojarse, *to get angry*
> bañarse, *to bathe* (*oneself*)

---

\* The infinite form of reflexive verbs is expressed by attaching *se* directly to the verb; thus, *lavarse, cansarse,* etc.

peinarse, *to comb* (*arrange*) *one's hair*
quedarse, *to stay*

c) The reflexive form is frequently used in Spanish in place of the passive voice when the subject of a sentence is an inanimate object or when the subject is not indicated or expressed.

Aquí se habla español.     *Spanish is spoken here.*
La forma reflexiva se usa mucho.     *The reflexive is widely used.*

## EJERCICIOS

A. *Continúe la conjugación:*

1. Yo me lavo las manos. (Tú te lavas las manos. Usted se lava las manos. Etc.)
2. Yo me llamo Enrique.
3. Yo no me aburro.
4. Yo me pongo el sombrero.
5. Yo me quito los guantes.
6. Yo me cansé rápidamente.
7. ¿Me peino yo bien?

B. *Use el pronombre reflexivo:*

1. El _____ levanta a las siete todos los días.
2. Ellas _____ peinan bien.
3. ¿A qué hora _____ levantas tú?
4. ¿Dónde puedo yo lavar _____ las manos?
5. Usted puede lavar _____ las manos en el cuarto de baño.
6. El niño no puede poner _____ los zapatos.
7. Mi madre y mi padre siempre _____ levantan temprano.
8. Yo _____ lavo la cara.
9. ¿Cómo _____ llama la profesora de su clase de inglés?
10. Ayer _____ levanté a las siete.

C. *Use la forma correcta* (*tiempo presente*) *del verbo entre paréntesis:*

1. Ellos _____ (levantarse) a las siete todas las mañanas.
2. El _____ (llamarse) Roberto.

57

3. Ricardo _____ (cansarse) si trabaja mucho.

4. ¿A qué hora _____ (levantarse) usted?

5. ¿A qué hora _____ (levantarse) su padre y su madre?

6. Ellos _____ (prepararse) para salir.

7. El _____ (ponerse) el sombrero.

8. ¿Por qué no _____ (quitarse) usted el sombrero?

9. Ellos _____ (lavarse) las manos antes de cada comida.

10. Yo siempre _____ (levantarse) temprano.

11. Yo _____ (aburrirse) a veces en el cine.

12. El _____ (enojarse) mucho cuando _____ (equivocarse).

13. Yo _____ (equivocarse) muchas veces en la lección.

14. Yo _____ (bañarse) todos los días.

D. *Use la tercera persona del singular. Empiece cada oración con* MI PADRE:

1. *Yo* me pongo el sombrero. (*Mi padre* se pone el sombrero.)

2. Yo me aburro en el cine a veces.

3. Yo me canso si trabajo mucho.

4. Yo me quedo en casa todas las noches.

5. Yo me levanto a las siete.

6. Yo no me canso.

7. Yo me equivoco muchas veces en la lección.

8. Yo me lavo la cara.

9. Yo me seco la cara con una toalla.

10. Yo me peino.

E. *Repita el ejercicio anterior usando la primera persona del plural. Empiece cada oración con* MARÍA Y YO: (1. María y yo nos ponemos los sombreros. Etc.) *Empiece cada oración con* TÚ: (1. Tú te pones el sombrero. Etc.)

F. *Use el pasado* (*pretérito*):

1. Yo me quito los guantes. (Yo me quité los guantes.)

2. ¿Te aburres en la fiesta?

3. Nos levantamos temprano.

4. Me aburro en el cine.

5. El se equivoca muchas veces en la lección.
6. Yo me lavo la cara.
7. Ellos se preparan para su viaje a los Estados Unidos.
8. El se queda en la escuela por la tarde.
9. Yo me quedo aquí todas las mañanas.
10. Mi padre siempre se levanta temprano.
11. Ella se peina con cuidado.
12. El se aburre en la clase de historia.

G. *Seleccione la forma correcta:*

1. Juan (levanta, se levanta) temprano todas las mañanas.
2. Su madre (se levanta, levanta) a Juan todas las mañanas.
3. El niño (se lava, lava) las manos.
4. La madre (lava, se lava) las manos del niño.
5. Ayer yo (me levanto, me levanté) a las ocho.
6. Ellos (se levanta, se levantan) temprano todos los días.
7. El traje de Juan (es, está) azul.
8. Aquí (se habla, habla) inglés.
9. Tú (te peina, te peinas) muy bien siempre.
10. ¿Dónde (compra, compran) ustedes sus libros?
11. Los libros del profesor (son, están) sobre la mesa.
12. (Estos, Estas) lápices son del profesor.
13. Ella (es, está) una muchacha bonita.
14. ¿(Cuánto, Cuántos) muchachos vienen con usted a la escuela?

H. *Corrija los errores:*

1. Yo levanto todas la mañanas a las siete.
2. Muchos personas asistieron a la fiesta.
3. ¿Cuánto libros tiene usted?
4. Anoche me aburrió mucho en la fiesta.
5. Ellos compra sus libros en la tienda de la esquina.
6. Ella está una muchacha muy inteligente.
7. Nosotros no puede comprender esta regla.
8. Este pluma es nueva.
9. Son muchachos muy altas.
10. Usted tiene que poner el sombrero antes de salir.

11. Los soldados caminó diez millas durante el día.

12. Enrique voy al cine todos las noches.

I. *Conteste estas preguntas:*

1. ¿Cómo se llama usted?

2. ¿Cómo se llama el amigo de usted?

3. ¿Cómo se llama su profesora de español?

4. ¿A qué hora se levanta usted todas las mañanas?

5. ¿A qué hora se levantó usted esta mañana?

6. ¿A qué hora se levantan su madre y su padre todas las mañanas?

7. ¿Se pone usted los guantes (gloves) antes de salir o después de salir?

8. ¿Se cansa usted si tiene que caminar mucho?

9. ¿Se equivoca usted a veces en la lección?

10. ¿Por qué se aburre usted a veces en el cine?

11. ¿Con qué se lava usted la cara?

12. ¿Cuántas veces al día se lava usted las manos?

# LECCION 13

29. PERSONAL PRONOUNS: When personal pronouns are used as direct or indirect objects of the verb, they take the following forms:

a) Direct object pronouns:

| me | *me* | nos | *us* |
|----|------|-----|------|
| te | *you* | os | *you* |
| lo (le)* | *you (m.), him* | las | *you, them (f.)* |
| la | *you (f.), her* | los | *you, them (m.)* |
| lo | *it (m.)* | | |

b) Indirect object pronouns:

| me | *to me* | nos | *to us* |
|----|---------|-----|---------|
| te | *to you* | os | *to you* |
| le | *to you, him, her, it* | les | *to you, them* |

c) Both direct and indirect object pronouns usually precede the verb, unlike the noun that they replace.

| Busco *el libro.* | *Lo* busco. |
|-------------------|-------------|
| Busco *la pluma.* | *La* busco. |
| Llamé *a Juan* por teléfono. | *Lo* llamé por teléfono. |
| María (le) da el libro *a Elena.* | María *le* da el libro. |

30. THE VERB *GUSTAR* (TO LIKE): Note carefully how the verb *gustar* (to like) is used in Spanish:

A Juan *le* gusta este libro. (Literally: *This book pleases John.*)
No *nos* gusta este cuarto.
¿*Le* gusta (a usted) bailar?

---

* Although less frequently, *le* is also used to refer to masculine persons (*you, him*).

# EJERCICIOS

A. *Sustituya* ME *con los otros pronombres:*

1. El *me* escribe muchas cartas. (El *te* escribe muchas cartas. El *le* escribe muchas cartas. Etc.)
2. El *me* manda muchos recados.
3. Ella *me* enseñó su sombrero nuevo.
4. Enrique *me* trae muchos regalos de la ciudad.
5. El señor López *me* habla en español.
6. El *me* enseña español.

B. *Llene los espacios en blanco con el pronombre que corresponde a las palabras entre paréntesis:*

1. El _____ escribe muchas cartas (to us.)
2. Ellos _____ traen muchos regalos (to her).
3. El señor López _____ mandó (to me) una tarjeta desde Nueva York.
4. El _____ enseña gramática (to us).
5. La profesora _____ escribió (to the girls) desde Nueva York.
6. Ella _____ mandó (to them, *f. singular*) también algunos regalos.
7. El siempre _____ trae flores (to Mary).
8. El nunca _____ da un regalo (to me).
9. El _____ trae muchos regalos (to you, *singular*).
10. El _____ escribe (to his wife) muchas cartas.
11. El _____ enseñó (to us, *m.*) su nueva casa.
12. El _____ escribe (to you, *plural*) muchas cartas.

C. *Use el pronombre correcto en vez de las palabras en letra cursiva:*

1. Yo veo *el libro.* (Yo *lo* veo.)
2. El necesita *la pluma.*
3. El manda *una carta.*
4. El abrió *la ventana.*
5. Yo abrí *las ventanas.*
6. El profesor pone *el libro* sobre la mesa.

7. El pone *los libros* sobre la mesa.
8. Ellos practican *los ejercicios*.
9. Yo no necesito este *cuaderno*.
10. El compró *su pluma* por cinco dólares.
11. Escribió *las cartas* a su hermana.
12. Yo leo *el periódico* todos los días.
13. El busca *sus anteojos* por todas partes.
14. María busca *las cartas* en su escritorio.

D. *Use el pronombre correcto en vez de los nombres en letra cursiva:*

1. Yo veo *a María* todos los días. (Yo *la* veo todos los días.)
2. El trae *a su amigo* a la clase con frecuencia.
3. El señor Hernández les enseña latín *a Enrique* y *a Ricardo*.
4. También enseña francés *a Juan*.
5. Yo ayudo mucho *a mi padre*.
6. Mi hermana siempre ayuda *a mi madre* en la cocina.
7. Juan busca *al profesor*.
8. También busca *a Raquel*.
9. Ricardo no escucha *al profesor*.
10. Llamé *a Ricardo* ayer por teléfono.
11. También llamé *a Elena*.
12. Veo *al señor López* casi todos los días.

E. *Llene los espacios en blanco con el pronombre correcto:*

1. A Juan _____ gusta mucho bailar.
2. A María no _____ gusta este ejercicio.
3. Al profesor _____ gusta dar exámenes todas las semanas.
4. A los alumnos no _____ gustan los exámenes.
5. A Elena _____ gusta mucho leer novelas.
6. ¿ _____ gusta a usted bailar?
7. ¿Qué _____ gusta más, bailar o cantar?
8. A María _____ encanta viajar.
9. A mi padre también _____ encantan los viajes.

10. A mi mamá y a mi hermana no _____ gusta viajar.
11. A ellas _____ gusta más quedarse en casa.
12. A los alumnos no _____ gusta estudiar gramática.

F. *Seleccione la forma correcta:*

1. A Ricardo (les, le) gusta mucho bailar.
2. El (baila, bailan) muy bien.
3. Ella (me enseñó, enseñó me) su vestido nuevo.
4. Le (gustan, gusta) mucho estos ejercicios.
5. Me (gusta, gustan) este ejercicio pero no me (gusta, gustan) los otros.
6. Ricardo y Juan (son, están) en su clase de historia.
7. Ellos (son, están) estudiantes muy aplicados.
8. María y yo (estudian, estudiamos) en la misma clase.
9. Ayer yo (escribí, escribió) una carta a mi amigo en Nueva York.
10. Raquel (es, está) ahora en Nueva York.
11. A Raquel (le, la) gusta mucho Nueva York.
12. Le (encanta, encantan) los almacenes de allí.
13. ¿Qué le parece (el clima, la clima) de Nueva York?
14. Yo no (puedo, puede) hacer estos ejercicios bien.
15. (Aquel, Aquella) pluma es de María.

G. *Conteste estas preguntas:*

1. ¿Le gusta a usted bailar?
2. ¿Qué le gusta más, conversar o leer en español?
3. ¿Les gusta bailar a los otros alumnos?
4. ¿Qué le gusta hacer en la clase?
5. ¿Les da a ustedes el profesor muchas tareas?
6. ¿Cuántos exámenes al mes les da él a ustedes?
7. ¿Quién le enseña a usted español?
8. ¿Quién le escribe a usted cartas?
9. ¿Da usted muchos o pocos regalos a sus amigos en Navidad.
10. ¿Quién te ayuda con tus lecciones?

11. ¿Les habla a ustedes el profesor en español o en inglés?
12. ¿Le hablan ustedes en español o en inglés?
13. ¿Guarda usted sus libros al fin del curso o los vende?
14. Si los vende, ¿dónde los vende?
15. ¿A qué precio los vende?

# LECCION 14

31. PERSONAL PRONOUNS—Continued: The meaning of *le* and *les*, which may mean *to him, to her, to you*, etc., is often made more clear by use of the so-called *redundant* construction, in which the following forms are added to the sentence: *a él, a ella, a usted, a ellos*, etc.

> *A usted le* gusta bailar, pero *a él* no *le* gusta.
> *Le* hace *a ella* muchos regalos.
> Ella *le* escribió *a él* una carta.
> *Les* escribí *a ustedes* ayer.

This same redundant construction is also used on occasion with pronouns in the first and second persons in order to give emphasis to the sentence. Generally the prepositional phrase goes at the beginning of the sentence.

> *A nosotros* no nos engaña nadie.
> *A mí* me gusta este libro.
> *A ti* no te gusta nada.

32. PERSONAL PRONOUNS—PREPOSITIONAL FORM: When the personal pronouns are used as objects of prepositions they have the same form as when used as subjects of the verb—with the exception of the forms *mí* and *ti* which replace *yo* and *tú*. The prepositional forms of the personal pronouns are thus: *mí, ti, usted, él, ella, nosotros, (vosotros,) ustedes, ellos, ellas*.

> Este libro es para *mí*.
> Ese es para *él*.
> Estas revistas son para *nosotros*.

When *mí* and *ti* are used as objects of the preposition *con* (with), they become *conmigo* and *contigo*.

> El quiere ir *conmigo* al baile.
> Voy *contigo*.

66

**33.** IRREGULAR VERBS—THE PRETERITE (SER AND IR): The verbs *ser* and *ir* have exactly the same form in the preterite.

> ser—*fui, fuiste, fue, fuimos, (fuisteis), fueron*
> ir—*fui, fuiste, fue, fuimos, (fuisteis), fueron*

## EJERCICIOS

A. *Complete las oraciones con el pronombre en todas las personas. Siga el modelo:*

1. Roberto vive cerca de _____ (Roberto vive cerca de *mí*, cerca de *ti*, cerca de *usted*, cerca de *él*, etc.)
2. Isabel es amable con _____.
3. El compra muchos regalos para _____.
4. El habla con _____.
5. Juan trabaja bien sin _____.

B. *Cambie el pronombre al plural:*

1. Viven cerca de *él*. (Viven cerca de *ellos*.)
2. Vive lejos de *mí*.
3. Estas revistas son para *ella*.
4. Esta es para *usted*.
5. Estudia *conmigo*.
6. Habla mucho de *él*.
7. Compró algo para *mí*.
8. Trae muchas cosas para *ella*.
9. ¿Quién vive cerca de *ella?*
10. Juan vive cerca de *ti*.

C. *Cambie el pronombre al singular:*

1. Habló mucho de *ellos*. (Habló mucho de *él*.)
2. Vive cerca de *nosotros*.
3. Siempre vienen a la escuela con *nosotros*.
4. Guillermo está sentado delante de *ellas*.
5. Guillermo vive lejos de *ustedes*.
6. Isabel siempre es amable con *nosotros*.
7. Hablan mucho de *ellos*.
8. Asistió a las clases con *nosotros*.

9. Compró algo para *ustedes*.

10. Este libro es para *nosotros*.

D. *Llene los espacios en blanco con la forma correspondiente del pronombre:*

1. A mí ＿＿＿ gusta mucho bailar. (A mí *me* gusta mucho **bailar.**)

2. A ella ＿＿＿ encanta viajar.

3. ¿ ＿＿＿ gustan a ustedes las fiestas de Navidad?

4. A mí no ＿＿＿ gusta el clima de Nueva York.

5. A mi esposa ＿＿＿ encanta el clima de México.

6. A ti ＿＿＿ gusta estudiar español.

7. Yo no puedo decir que a mí ＿＿＿ encanta la gramática; pero a mí ＿＿＿ gusta el idioma en general.

8. A nosotros ＿＿＿ gustan mucho los bailes.

9. ¿Qué fruta ＿＿＿ gusta más a ti?

10. A mí ＿＿＿ gustan mucho los plátanos; pero no ＿＿＿ gustan las manzanas.

E. *Llene los espacios en blanco con la forma correspondiente del pronombre. En algunas frases hay más de una respuesta posible:*

1. A ＿＿＿ me gusta mucho estudiar español. (A *mí* me gusta mucho estudiar español.)

2. A ＿＿＿ no le gusta bailar.

3. A ＿＿＿ les encanta Nueva York.

4. A ＿＿＿ me parece extraño el acento de Juan.

5. ¿Qué te parece a ＿＿＿ eso?

6. A ＿＿＿ nos parece extraña la conducta de Elena.

7. A ＿＿＿ no me parece extraña.

8. ¿Le parece extraña a ＿＿＿ ?

9. De todas maneras a ＿＿＿ me gusta mucho Elena.

10. A ＿＿＿ no me importa lo que (what) hace.

F. *Use la forma correcta del pretérito del verbo* SER:

1. ¿Quién ＿＿＿ la persona que me llamó por teléfono?

2. ＿＿＿ yo quien te llamó.

3. ¿Qué día de la semana ............... ayer?
4. Ayer ............... miércoles.
5. ............... Juan quien lo dijo.
6. Nosotros ............... los primeros en llegar.
7. Ellos ............... los últimos.
8. Usted ............... el primero en salir.
9. ¿ ............... el señor López quien nos saludó?
10. La fiesta ............... un éxito enorme.

G. *Seleccione la forma correcta:*

1. A mí me (gusta, gustan) mucho las manzanas.
2. María fue (con mi, conmigo) al baile anoche.
3. A ellos (les, le) parece alto el precio.
4. Ayer yo no (fui, fue) a la escuela.
5. A ellos les (encanta, encantan) el clima de Caracas.
6. La señora Díaz (es, está) la secretaria del Instituto.
7. Las revistas (son, están) sobre la mesa.
8. El vestido de Elena (es, está) negro.
9. Yo (salgo, sale) de mi casa temprano todos los días.
10. El (estudié, estudió) español solamente dos años.
11. Enrique y Carlos no (fue, fueron) al cine con nosotros anoche.
12. Yo tengo (mucho, mucha) sed.
13. ¿Qué le parece (el clima, la clima) de Nueva York?
14. El fue a (esa, ese) escuela durante dos años.
15. El no (sé, sabe) manejar bien.
16. Estos ejercicios son (fácil, fáciles).

H. *Conteste estas preguntas:*

1. ¿Con quién fue usted al cine anoche?
2. ¿Quién fue contigo a la fiesta la semana pasada?
3. ¿Habla el profesor con ellos en español o en inglés?
4. ¿En qué idioma habla él con usted?
5. ¿Para quién compra usted regalos de vez en cuando?
6. ¿Le escriben a usted sus amigos muchas cartas?
7. ¿Le gusta a usted ir al cine?
8. ¿Le parece a usted difícil o fácil la gramática española?

9. ¿Vive su amigo cerca o lejos de usted?
10. ¿Es para él o para ella esta revista?
11. ¿Dónde está sentado Juan, delante o detrás de usted?
12. ¿A dónde fue usted ayer después de la clase?

# LECCION 15

**34. PERSONAL PRONOUNS—Continued:** When a verb has two object pronouns, the indirect object precedes the direct object.

| | |
|---|---|
| Juan me lo dio. | *John gave it to me.* |
| Ella nos la regaló. | *She gave it to us.* |
| Juana no te lo trajo. | *Juana did not bring it to you.* |

If the two pronouns are both in the third person, *se* is used instead of the indirect object pronouns (*le, les*) to avoid the repetition of the *l* sound.

| | |
|---|---|
| Juan le dio a José el libro. | Juan se lo dio. |
| Le doy la carta a usted. | Se la doy. |

(Since *se* in such cases may indicate *a él, a ella*, etc., it is customary here again to use the redundant construction in such sentences: *Juan se lo dio a él* or *Juan se lo dio a ella*, etc. See rule 31.)

**35. IRREGULAR VERBS—THE PRETERITE (DAR AND TRAER):** The verb *dar*, although a verb of the first conjugation, is conjugated in the preterite like a verb of the second or third conjugation. It is similar in the preterite to *ver*.

> dar—*di, diste, dio, dimos, (disteis), dieron*
> ver—*vi, viste, vio, vimos, (visteis), vieron*

The verb *traer* changes the vowel of the stem to *j* in the preterite.

> traer—*traje, trajiste, trajo, trajimos, trajeron.*

## EJERCICIOS

A. *Use el pronombre correcto en lugar de las palabras en letra cursiva. Siga este modelo:*

1. El me mandó *los libros*. (El me los mandó.)

2. María me prometió *algún dinero.*

3. El nos explicó *la lección.*

4. El señor López me dio *las flores.*

5. El cartero me trajo *la carta* esta mañana.

6. El nos trae *cartas* todos los días.

7. Juan me dio *las últimas noticias.*

8. Nos mandaron *algunos libros* de México.

9. Mi amigo me trajo *un sombrero* de España.

10. Nos mandó *el paquete.*

B. *Use el pronombre correspondiente delante del verbo. Siga este modelo:*

1. Juan las mandó (a mí). (Juan *me* las mandó.)

2. Su amigo lo trajo de México (a él).

3. El cartero las trajo esta mañana (a ellos).

4. Los mandaron (a nosotros) ayer.

5. Las explicó muy bien (a mí).

6. El profesor lo dio (a Juan).

7. María las prestó (a mí).

8. La mandé (a ellos) la semana pasada.

9. La escribí (a usted) el miércoles pasado.

10. El profesor siempre los lee (a nosotros) en español.

11. Yo siempre lo digo (a ti).

12. La explicaron (a ellos) muy claramente.

13. Yo la mandé (a usted) ayer.

14. La trajo (a ella) ayer.

C. *Use la forma correcta del pretérito de* DAR:

1. El me ............... un libro.

2. Yo se lo ............... ayer.

3. Nosotros ............... un paseo (took a walk) por el parque el sábado pasado.

4. El señor López no nos ............... la lección ayer.

5. Juan ............... con la cabeza (hit his head) contra la puerta.

6. Ellos nos ............... algunos libros nuevos.

7. El no ............... propina al camarero.

8. Yo le _____ veinte centavos.
9. El me _____ las gracias.
10. El profesor nos _____ un examen muy difícil.
11. Yo _____ al ciego (blind man) una moneda.
12. Juan no le _____ nada.


D. *Use la forma correcta del pretérito de* VER:

1. Ayer yo _____ al señor Smith en la calle.
2. Anoche fuimos al cine. _____ una película muy buena.
3. ¿ _____ usted a Elena ayer?
4. Yo no la _____ en la escuela ayer.
5. Enrique y su hermano nos _____ ayer en el parque.
6. Pero nosotros no los _____.
7. Por lo menos yo no los _____. Quizás Juan los_____.
8. Mi amigo le _____ a usted en el autobús ayer.
9. ¿ _____ tú la carta que María escribió de México?
10. La semana pasada yo _____una exposición muy interesante de libros antiguos en la Biblioteca Nacional.


E. *Use la forma correcta del pretérito de* TRAER:

1. Mi padre nos _____ muchas cosas interesantes de México.
2. ¿Qué _____ usted de Nueva York para su mamá?
3. Mis tíos me _____ unas revistas en español.
4. Ayer yo no _____ mi cuaderno a la clase.
5. Raquel _____ a dos amigos a la fiesta anoche.
6. Juan no _____ un regalo a su hermano.
7. El cartero me _____ una carta esta mañana.
8. Cinco alumnos no _____ sus libros a la clase de español ayer.
9. El profesor se enojó mucho. Afortunadamente María y yo _____ nuestros libros a la clase.
10. Yo no sé quién la _____ al baile. Sé que Juan no la _____.

F. *Seleccione la forma correcta:*

1. Anoche yo (vi, vio) una película muy interesante.
2. Pedro (se, le) lo dio.
3. Este libro es para (yo, mí).
4. Juan va (con mí, conmigo) a la fiesta esta noche.
5. ¿Dónde (vive, viven) la familia de Juan?
6. Su casa (es, está) en la calle San Rafael.
7. Estos ejercicios son muy (útil, útiles).
8. Anoche nosotros (vimos, vieron) dos buenas películas.
9. Eduardo lee el periódico (todas, todos) las mañanas.
10. Yo (sale, salgo) de mi casa a la misma hora todas las mañanas.
11. Las cartas de mi hermana siempre (son, están) largas.
12. El tren (sale, salen) a las doce.
13. Juan no trajo (su, sus) libros a la clase. (Las, Los) dejó en el autobús.
14. El siempre (levanta, se levanta) a las siete de la mañana.
15. La madre (se lava, lava) las manos del niño.
16. El (llama, se llama) Enrique.

G. *Conteste estas preguntas:*

1. ¿Qué película vio usted en el cine anoche?
2. ¿A quién trajo usted al baile la semana pasada?
3. ¿A quién trajo Juan?
4. ¿A quién vendió sus libros al fin del curso el año pasado?
5. ¿Se los vendió a Juan o a María?
6. ¿A qué precio se los vendió?
7. ¿Qué propina dio usted al camarero en el restaurante ayer?
8. ¿Le dio a usted las gracias?
9. ¿Le trajo el cartero a usted muchas o pocas cartas ayer?
10. ¿Se las trajo por la mañana o por la tarde?
11. Esas flores son muy bonitas. ¿Quién se las regaló?
12. Este paquete no es para usted. ¿Quién se lo dio?

# LECCION 16

36. INFINITIVES: As in English, some verbs in Spanish do not require a preposition before an accompanying infinitive. Other verbs require a preposition. Such verbs as *querer, poder, preferir* and various others do not require a preposition:

> Juan quiere *aprender* español.
> Yo no puedo *hacer* eso hoy.
> Prefiero *tomar* café.

The following verbs require the indicated preposition before an infinitive:

> Mario aprende *a* leer.
> Nos enseña *a* escribir.
> El empezó *a* estudiar el año pasado.
> Tratamos *de* llegar temprano.

Remember that the verb *ir* when used with the preposition *a* and an infinitive has a special idiomatic meaning (*to be going to*) and expresses a simple action in the future.

> Juan *va a estudiar* francés el año próximo.
> *Voy a ir* a México el mes próximo.
> ¿Qué *va a hacer* usted esta noche?

37. IRREGULAR VERBS—THE PRETERITE (*CAER*): When the stem of a verb of the second or third conjugation ends in *a, e,* or *o,* the preterite is formed as follows:

> caer—*caí, caíste, cayó, caímos, (caísteis), cayeron*

Other verbs conjugated exactly like *caer* in the preterite are *creer, leer, oír.*

# EJERCICIOS

A. *Complete la oración con el infinitivo entre paréntesis, usando una preposición cuando sea necesario:*

1. El niño aprende _____ (leer).
2. Elena no quiere _____ (ir) al cine esta noche.
3. Enrique siempre trata _____ (hablar) en español con el profesor.
4. Nosotros empezamos _____ (estudiar) español el año pasado.
5. ¿Pueden ustedes _____ (hacer) estos ejercicios?
6. Los padres de Antonio van _____ (hacer) un viaje a España el verano que viene (next summer).
7. El profesor trata _____ (enseñar) a los alumnos _____ (hablar) en español.
8. La madre enseña _____ (caminar) al niño.
9. Aprendo _____ (jugar) tenis.
10. A mí me gusta _____ (comer) en restaurantes.
11. Vamos _____ (visitar) a María en el hospital esta noche.
12. Yo no quiero _____ (comer) en ese restaurante.
13. Yo no puedo _____ (hacer) todo ese trabajo hoy.
14. ¿Quién le enseñó _____ (hablar) español tan bien?

B. *Complete la oración usando el verbo* IR *y la preposición* A *para expresar la acción en el futuro:*

1. Ellos _____ (hacer) un viaje a México el mes próximo. (Ellos van a hacer un viaje a México el mes próximo.)
2. Yo _____ (estudiar) en casa esta noche.
3. ¿Qué _____ (hacer) usted mañana por la mañana?
4. ¿Qué película _____ (ver) ustedes esta noche?
5. Juan _____ (estudiar) para médico.
6. Yo _____ (levantarse) temprano mañana.
7. Yo _____ (ponerse) mi traje nuevo y _____ (ir) con mi amigo a la ciudad.
8. El señor Alvarez no _____ (enseñar) la clase hoy.

9. ¿Quién _____ (ser) el profesor hoy?

10. Todos los alumnos _____ (asistir) a una corrida de toros.

11. Nosotros _____ (llegar) tarde a la lección.

12. ¿Qué idioma _____ (estudiar) usted después de aprender español?

C. *Use la forma correcta del pretérito de* CAER:

1. La madre de Juan se* _____ de la escalera.

2. Yo me _____ una vez de la misma escalera.

3. Mi compañero resbaló (slipped) y se _____ en la nieve.

4. La noticia _____ sobre el país como una bomba.

5. La anciana resbaló y se _____ en la calle.

6. Las hojas _____ de los árboles temprano este año.

7. Juan _____ fácilmente en la trampa.

8. Ellos también _____ en la misma trampa.

9. Mis libros _____ al suelo.

10. El sombrero de Juan _____ en el lago.

D. *Use la forma correcta del pretérito de* LEER:

1. Yo _____ la noticia del accidente en el periódico ayer.

2. María _____ la carta de su hermana con mucho interés.

3. ¿ _____ usted la carta que ella recibió la semana pasada?

4. El profesor _____ en alta voz la composición que yo escribí.

5. Todo el mundo _____ la noticia de la muerte del Presidente.

6. ¿ _____ usted el discurso del señor González en el periódico esta mañana?

7. Sí, Enrique y yo lo _____ juntos.

---

* When the physical action of falling refers to a person, *caer* is generally used in reflexive form (caerse).

8. Antonio y su hermano _____ los libros que el profesor les regaló.
9. Nosotros _____ en silencio las primeras noticias de la guerra.
10. Todo el mundo las _____ de la misma manera.

E. *Use la tercera persona del singular* (EL):

1. Yo *leí* el periódico ayer. (El leyó el periódico ayer.)
2. Yo creí en la promesa de Elena.
3. Yo me caí de la escalera.
4. Yo no oí bien al profesor.
5. Yo fui al cine anoche.
6. Yo le di el libro a Juan.
7. Yo fui el primero en llegar.
8. Yo vi al profesor en la calle.
9. Yo leí la noticia en silencio.
10. Yo oí a alguien a la puerta.

F. *Use el pasado (pretérito):*

1. Ellos ven todas las películas nuevas. (Ellos *vieron* todas las películas nuevas.)
2. Voy a la escuela temprano.
3. Juan se las da a ella.
4. La anciana se cae con frecuencia en la calle.
5. El profesor lee las composiciones que los alumnos escriben.
6. Yo lo veo con frecuencia en el restaurante de la esquina.
7. El señor López y su esposa van a México.
8. Tú hablas con el profesor en español.
9. Estudiamos en la misma clase.
10. Ellos no escuchan al profesor.
11. No lo oyen bien.
12. El señor Smith hace muchos regalos a sus amigos.
13. Esta revista me pertenece a mí.
14. Hoy es miércoles.
15. Mario estudia español y aprende con rapidez.
16. Ella me deja leer las cartas de su hermano.

G. *Seleccione la forma correcta:*

1. María nos (invitó, invitaron) a comer en su casa.
2. El niño todavía no (puedo, puede) decir las palabras bien.
3. Yo (leí, leyó) esa noticia en el periódico ayer.
4. Yo no (sé, sabe) donde viven ellos.
5. El aprendió (hablar, a hablar) rápidamente.
6. Siempre tratamos (de, a) preparar nuestras lecciones bien.
7. (Este, Esto) muchacho es amigo de Román.
8. Yo (fue, fui) anoche a la casa del señor López.
9. La (esposa, esposo) del señor López es muy (simpático, simpática).
10. ¿Dónde (vive, viven) ellos?
11. (Las, Los) trenes salen a la misma hora todos los días.
12. Usted (leo, leyó) ese libro rápidamente.
13. Yo (levanto, me levanto) a las siete todos los días.
14. Tenemos que (ser, estar) en la escuela a la misma hora todos los días.
15. El nos enseñó (leer, a leer) en español.

H. *Conteste estas preguntas:*

1. ¿A qué cine fuiste anoche?
2. ¿Qué película viste?
3. ¿Quién le enseña a usted a leer y a hablar español?
4. ¿Qué va a hacer usted esta noche?
5. ¿Qué va a hacer su amigo Juan esta noche?
6. ¿Qué va a hacer usted durante sus vacaciones el verano que viene?
7. ¿Qué van a hacer los alumnos después de la lección hoy?
8. ¿Qué libros leyó usted el año pasado?
9. ¿En qué mes cayeron las hojas de los árboles el año pasado?
10. ¿Llegó usted tarde o a tiempo a la clase esta mañana?
11. ¿Quién le enseñó a usted a bailar?
12. ¿Por qué no trata usted de preparar mejor sus lecciones?

# LECCION 17

**38. INFINITIVES**—Continued: In Spanish an infinitive is used after a preposition instead of the gerund used in English.

| | |
|---|---|
| Antes de *salir*, dije adiós. | Before *leaving* I said goodbye. |
| Después de *comer*, estudiaron. | After *eating* they studied. |
| Estoy cansado de *estudiar*. | I am tired of *studying*. |
| Al *terminar* el libro, se lo di. | Upon *finishing* the book, I gave it to him. |

Note carefully the use of the infinitive in the following constructions. They are variations of the construction *tener que*. (See rule 16.)

> Tengo muchas cosas *que hacer* hoy.
> (Compare con: *Tengo que hacer muchas cosas hoy.*)
> El niño le da mucho *que hacer*.
> Tengo una semana de vacaciones sin nada *que hacer*.

Personal pronouns, when used as objects of an infinitive, follow the infinitive and are joined to it to form a single word. If there are two objects, the indirect object precedes the direct object. (See rule 34.) Also note that if the two objects are in the third person, *se* is used instead of *le* or *les*.

> El no quiere *mandarlo.*
> El no quiere *mandármelo.*\*
> El no quiere *mandárselo* (a él o a ella).

**39. IRREGULAR VERBS—THE PRETERITE** (Continued): The following verbs resemble each other in the preterite in that they all change their root vowel to *i:*

> hacer—*hice, hiciste, hizo, hicimos, (hicisteis), hicieron*
> decir—*dije, dijiste, dijo, dijimos, (dijisteis), dijeron*

---

\* Remember that when adding object pronouns to a verb, the number of syllables is increased and it is sometimes necessary to use a written accent to show that the stress maintains its original position.

querer—*quise, quisiste, quiso, quisimos, (quisisteis), quisieron*
venir—*vine, viniste, vino, vinimos, (vinisteis), vinieron*

## EJERCICIOS

A. *Use el pronombre correcto, añadiéndolo al infinitivo, en lugar de las palabras en letra cursiva. Siga el modelo:*

1. Yo quiero leer *el libro*. (Yo quiero *leerlo*.)
2. El no quiso ver *la película*.
3. ¿Por qué no quiere darme *el regalo?*
4. A mí me gusta leer *las novelas nuevas*.
5. El no desea comprarle *la revista*.
6. Tengo que mandarle *los paquetes*.
7. Juan no quiere explicarme *los ejercicios*.
8. No puede hacer *el trabajo* hoy.
9. Estoy cansado de decirle *eso*.
10. Va a traer *su composición* mañana.
11. Dice que está cansado de estudiar estos *ejercicios*.
12. No quisieron darnos *el dinero*.

B. *Use el pronombre correcto, añadiéndolo al infinitivo, en lugar de las palabras entre paréntesis:*

1. El no desea mandarlo (a mí). (El no desea *mandármelo*.)
2. No quisieron darlo (a ella).
3. No van a llevarlos (a ellos).
4. Juan puede traerlo (a mí).
5. Después de darlo (a él) usted puede volver aquí.
6. El profesor dice que está cansado de explicarlo (a nosotros).
7. Puede usted hacerlo (a mí) ahora mismo.
8. ¿Por qué no quiere darlo (a ellos)?
9. Va a leerla (a nosotros) esta noche.
10. Voy a tratar de hacerlo (a usted) pronto.
11. ¿Cuándo van a mandarlos (a ustedes)?
12. Prefiero traerlo (a usted) mañana.

C. *Siga la forma del modelo y cambie el resto de las oraciones:*

1. Tengo que hacer muchas cosas hoy. (*Tengo muchas cosas que hacer hoy.*)
2. El no tiene que hacer nada.
3. Los alumnos tienen que preparar muchas tareas esta noche.
4. El profesor tiene que revisar diez composiciones.
5. Tengo que escribir tres cartas esta noche.
6. El contratista tiene que construir tres casas.
7. Tengo que hacer bastante.
8. Tenemos que comprar muchos regalos esta semana.
9. Tengo una semana de vacaciones y no tengo que hacer nada.
10. Juan no tiene que estudiar nada esta noche.

D. *Llene los espacios con la forma correspondiente del pretérito de los verbos entre paréntesis:*

1. Ayer Antonio _____ (venir) a mi casa a comer.
2. El no _____ (quiere) ir a la casa de Elena anoche.
3. María me _____ (decir) una mentira.
4. Román y Raquel _____ (venir) juntos a la fiesta.
5. Yo _____ (hacer) mi trabajo rápidamente.
6. El no _____ (querer) decirme la verdad.
7. Elena y yo _____ (venir) a la escuela en automóvil.
8. Ellos no nos _____ (decir) nada.
9. El señor González y su esposa _____ (hacer) un viaje a Europa.
10. Todos los alumnos _____ (venir) a la escuela a pie a causa de la huelga de autobús.
11. Carlos _____ (hacer) muy bien sus tareas anoche.
12. ¿Qué le _____ (decir) María a usted acerca de la fiesta?
13. Tú _____ (hacer) un viaje a México el verano pasado.
14. Los padres de Elena _____ (venir) a los Estados Unidos desde Colombia en 1924.

E. *Use la tercera persona del singular. Empiece cada oración con* MI HERMANO:

1. Hice el viaje por avión.
2. Vine tarde a la escuela.
3. Hice mi trabajo rápidamente.
4. No le dije nada.
5. No quise hacerlo.
6. Vine a la escuela a pie.
7. Le traje un pañuelo bonito de México.
8. Le hice muchos regalos a ella.
9. Fui allá solo.
10. Vi una buena película anoche.

F. *Use el pasado (pretérito):*

1. Antonio siempre hace bien todas sus tareas.
2. Se levanta temprano.
3. Voy allí a las siete.
4. El niño se lava las manos.
5. El señor Alvarez hace muchos viajes a Europa.
6. Van al cine.
7. Traen muchas cosas de América del Sur.
8. No quiero hacérselo.
9. Me hacen muchos regalos.
10. Raquel come mucho.
11. Estudiamos en la misma clase.
12. Vemos todas las películas nuevas.
13. Le escribo muchas cartas.
14. Traigo todos mis libros a la escuela.

G. *Corrija los errores:*

1. Ella está una muchacha muy inteligente.
2. Yo no quiso hacerlo.
3. ¿Por qué no quiere dárlelo?
4. El señor González y su esposa hizo un viaje a Venezuela el año pasado.
5. El no me dije nada.

6. Los dos hermanos son muy alto.
7. A mí me gusta mucho las manzanas.
8. Yo siempre levanto a las siete.
9. Este café es frío.
10. Estoy cansado estudiar español.
11. Yo no tiene mucho que hacer hoy.
12. La tienda del padre de Arturo son en la esquina.
13. Mi libros son sobre la mesa.
14. Yo siempre me pone los guantes antes de salir.

H. *Conteste estas preguntas:*

1. ¿Tiene usted muchas o pocas cosas que hacer esta noche?
2. ¿Tiene su mamá muchas o pocas cosas que hacer en la casa todos los días?
3. Si (if) este libro es de Juan, ¿por qué no quiere usted dárselo?
4. Si esa pluma no es del profesor, ¿por qué se la dio?
5. Si esa novela no es interesante, ¿por qué quiere leerla?
6. ¿Se pone usted el sombrero antes o después de salir?
7. ¿Lee usted el periódico antes de venir a la escuela o después de ir a su casa?
8. ¿Se lava usted las manos antes o después de comer?
9. ¿Por qué dice Juan que está cansado de estudiar español?
10. ¿Por qué no quisiste ir al cine ayer?
11. ¿Hizo usted muchas o pocas tareas en casa anoche?
12. ¿Vino usted a la escuela esta mañana a pie o en autobús?

# LECCION 18

**40. IRREGULAR VERBS—THE PRETERITE** (Continued): The following verbs resemble each other in the preterite in that they all change to *u* their root vowel.

estar—*estuve, estuviste, estuvo, estuvimos, (estuvisteis), estuvieron*
poder—*pude, pudiste, pudo, pudimos, (pudisteis), pudieron*
tener—*tuve, tuviste, tuvo, tuvimos, (tuvisteis), tuvieron*
poner—*puse, pusiste, puso, pusimos, (pusisteis), pusieron*
saber*—*supe, supiste, supo, supimos, (supisteis), supieron*
caber—*cupe, cupiste, cupo, cupimos, (cupisteis), cupieron*
andar—*anduve, anduviste, anduvo, anduvimos, (anduvisteis), anduvieron*

**41. NEGATIVE FORM**: The student possibly will have observed that a double negative is frequently used in Spanish.

| | |
|---|---|
| *No* tengo *nada* que hacer. | *I have nothing to do.* |
| *No* vi a *nadie.* | *I didn't see anyone.* |

When negative words such as *nada, nadie, nunca, tampoco, ni ... ni* are used they usually follow the verb and *no* is required before the verb.

| | |
|---|---|
| *No* voy *nunca* al parque. | *I don't ever go to the park.* |
| Ella *no* quiere ir *tampoco.* | *She doesn't want to go either.* |
| *No* tengo *ni* hermano *ni* hermana. | *I have neither a brother nor a sister.* |

To add more stress to the negative, place the negative word before the verb and omit *no*.

| | |
|---|---|
| *Nadie* le vio. | *No one saw him.* |
| *Nunca* ponen atención. | *They never pay attention.* |
| *Nunca* regalan *nada* a *nadie.* | *They never give anything to anyone.* |

---

\* *Saber* when used in the preterite can also mean *to find out about.*
*Supe* su nombre ayer. I found out *his name yesterday.*

# EJERCICIOS

A. *Continúe la conjugación:*

1. Yo estuve en el cine anoche. (*Tú estuviste* en el cine anoche. *Usted estuvo* en el cine anoche. *El estuvo,* etc.)
2. Yo no pude hacerlo.
3. No supe nada de eso.
4. Lo puse sobre la mesa.
5. Anduve por la calle.
6. Yo no cupe en el automóvil.

B. *Llene los espacios en blanco con el pretérito del verbo entre paréntesis:*

1. Anoche Juan no _____ (poder) ir al cine con nosotros.
2. ¿Dónde _____ (estar) María y Elena ayer?
3. Enrique no _____ (saber) su lección ayer.
4. Los libros no _____ (caber) en la gaveta.
5. Los niños _____ (andar) por el parque ayer.
6. Nosotros _____ (poner) nuestros libros sobre la mesa.
7. Los alumnos no _____ (poder) comprender la explicación del profesor.
8. ¿Dónde _____ (estar) ustedes anoche?
9. Yo _____ (estar) en casa, y mi hermano _____ _____ (estar) en la casa de un amigo.
10. Mi tío _____ (tener) un accidente ayer.
11. Yo me _____ (ponerse) el sombrero y salí.
12. Tú no _____ (poner) bastantes sellos en tu carta.
13. Yo no _____ (saber) nada de ese asunto hasta esta mañana.
14. El se disgustó cuando lo _____ (saber).
15. El pobre perro no _____ (poder) soltarse.
16. Ayer yo _____ (tener) mucho que hacer.

C. *Use la tercera persona del singular. Empiece cada oración con* MI HERMANO:

1. Anoche (yo) estuve en la casa del señor Alvarez. (Anoche *mi hermano* estuvo en la casa del señor Alvarez.)
2. Puse los libros en la gaveta.
3. Me puse los guantes antes de salir.
4. No tuve tiempo para ir allí.
5. No supe nada de su viaje hasta anoche.
6. Anoche estuve en el teatro hasta las doce.
7. No pude ir a la escuela ayer.
8. Hice muchas tareas en casa anoche.
9. Vine a la escuela esta mañana en autobús.
10. Estuve enfermo la semana pasada.
11. Fui a ver al médico.
12. Tuve la intención de visitarlo anoche.

D. *Repita el ejercicio anterior (C), poniéndolo en la tercera persona del plural. Empiece cada oración con* MIS HERMANOS:
(1. *Mis hermanos* estuvieron anoche en casa del señor Alvarez.)

E. *Use el pasado (pretérito):*

1. Juan se pone los guantes.
2. Enrique y Román están en el cine.
3. Voy a la casa del profesor.
4. Los alumnos ponen muy poca atención en la clase.
5. No oigo bien al profesor.
6. El no puede hacerlo.
7. Vienen a la fiesta en automóvil.
8. Usted es el primero en llegar.
9. Ella sale mucho a la calle.
10. El tiene que escribir tres cartas.
11. Yo pongo mis libros sobre la mesa.
12. El cartero le trae muchas cartas.

13. Leo el periódico en el autobús.
14. Hago mis tareas en casa.
15. Tengo que hacerlo rápidamente.

F. *Cambie a la forma enfática del negativo. Siga el modelo:*

1. No quiero a nadie. (*A nadie quiero.*)
2. No me gusta nada.
3. No tengo ni pluma ni lápiz.
4. No entiendo nada de lo que dice el profesor.
5. No viene Elena tampoco.
6. No estuvieron ni Pablo ni Paco.
7. No quiere estudiar nunca.
8. No puso nada en la mesa.
9. No llegó nadie temprano.
10. No llegaste temprano tampoco.

G. *Seleccione la forma correcta:*

1. El salón de clases (está, es) muy pequeño.
2. Tomás le (abrí, abrió) la puerta al profesor.
3. Nosotros (comieron, comimos) mucho.
4. Dice que él (quiero, quiere) ir con nosotros.
5. Elena (fue, fui) conmigo al cine anoche.
6. A Juan no (se, le) gusta bailar.
7. La mujer tiene que (lavar, lavarse) la ropa sucia.
8. El nos enseña (leer, a leer) en español.
9. Dice que está cansado (estudiar, de estudiar) tanto.
10. ¿Qué (va, van) a hacer usted esta noche?
11. El no quiso (dárlelo, dárselo).
12. Anoche (llegan, llegaron) tarde al teatro.

H. *Conteste estas preguntas:*

1. ¿Dónde estuvo usted anoche?
2. ¿Dónde estuvieron sus amigos Juan y Enrique?
3. ¿Tuvo que hacer usted ayer muchas o pocas cosas?
4. ¿A qué hora tuvo que ir usted a la escuela ayer?
5. ¿A qué hora tuvieron que ir sus amigos Juan y Enrique?
6. ¿Cuándo supo usted algo del accidente del señor López?

7. ¿Se puso usted los guantes antes o después de salir de su casa esta mañana?

8. ¿Cuándo estuviste enfermo la última vez?

9. ¿Durante cuántos días estuviste enfermo?

10. ¿Por qué no pudieron ir Elena y Raquel a la fiesta anoche?

11. ¿Anduvo usted mucho o poco tiempo en el parque ayer?

12. ¿Con quién estuvo usted en el parque?

# LECCION 19

**42.** RADICAL-CHANGING VERBS: In the present indicative many verbs change the vowel *e* of their stem to *ie* or the vowel *o* to *ue* whenever the accent falls upon this vowel. The endings remain regular. In this lesson we shall consider verbs of the first and second conjugations only.

|  | CONTAR (UE) | PENSAR (IE) | VOLVER (UE) | PERDER (IE) |
|---|---|---|---|---|
| yo | cuento | pienso | vuelvo | pierdo |
| tú | cuentas | piensas | vuelves | pierdes |
| usted | cuenta | piensa | vuelve | pierde |
| él, ella | cuenta | piensa | vuelve | pierde |
| nosotros | contamos | pensamos | volvemos | perdemos |
| vosotros | (contáis) | (pensáis) | (volvéis) | (perdéis) |
| ustedes | cuentan | piensan | vuelven | pierden |
| ellos | cuentan | piensan | vuelven | pierden |

(Note that these verbs do not change their root vowel in the first and second persons of the plural, the reason being that in these forms the accent does not fall upon the root vowel but upon the first syllable of the ending.)

The following verbs are conjugated like the models above.

| (e = ie) | (o = ue) |
|---|---|
| empezar | almorzar |
| cerrar | encontrar |
| entender | mostrar |
| sentarse | acordarse |
| despertarse | acostarse |

All of the above verbs are regular in the preterite.

Yo *volví* a casa temprano anoche.
El no *entendió* lo que dije.

# EJERCICIOS

A. *Continúe la conjugación:*

1. Yo cierro las ventanas. (Tú cierras las ventanas. Usted cierra las ventanas. El cierra, etc.)
2. Yo pienso estudiar francés el año que viene.
3. Yo me acuesto a las diez.
4. Yo no lo entiendo bien.
5. Yo me siento delante de Juan.
6. Yo vuelvo a casa a las cinco.
7. Yo lo encuentro interesante.
8. Yo me despierto a las ocho.

B. *Use la forma correcta (tiempo presente) de los verbos entre paréntesis:*

1. Yo siempre _____ (almorzar) en ese restaurante.
2. ¿A qué hora _____ (almorzar) usted todos los días?
3. Mi padre siempre _____ (acostarse) temprano.
4. Yo _____ (acostarse) alrededor de las once todas las noches.
5. Rosa no _____ (acordarse) de mi nombre.
6. Ellos siempre _____ (almorzar) juntos.
7. Elena y yo _____ (almorzar) juntos de vez en cuando.
8. Muchas veces yo la _____ (encontrar) después de la lección y vamos juntos al restaurante de la esquina.
9. El _____ (volver) a casa a las cinco todos los días.
10. El profesor _____ (contar) el número de alumnos en la clase.
11. Los niños _____ (acostarse) temprano todas las noches.
12. El avaro _____ (contar) y _____ (recontar) su dinero.
13. Pero nunca se lo _____ (mostrar) a nadie.
14. Juan le _____ (mostrar) al profesor su composición.

C. *Use la forma correcta (tiempo presente) de los verbos entre paréntesis:*

1. Enrique siempre _____ (cerrar) las ventanas después de la lección.
2. ¿A qué hora _____ (empezar) la lección?
3. Todos los días yo _____ (despertarse) a la misma hora.
4. Los alumnos _____ (perder) sus libros con frecuencia.
5. Juan nunca _____ (entender) bien lo que dice el profesor.
6. María y yo lo _____ (entender) bien.
7. La escuela _____ (cerrarse) a las cinco.
8. Enrique y su hermano _____ (pensar) ir a los Estados Unidos el año que viene.
9. Yo _____ (sentarse) en la primera fila.
10. La profesora _____ (sentarse) en frente de la clase.
11. ¿A qué hora _____ (cerrarse) las tiendas?
12. Los alumnos todavía no _____ (entender) español bien.
13. Nosotros _____ (empezar) nuestro trabajo a las ocho.
14. El niño _____ (perder) sus juguetes con frecuencia.

D. *Use la tercera persona. Empiece cada oración con* Mi HERMANO:

1. Yo almuerzo a las ocho. (*Mi hermano* almuerza a las ocho.)
2. Yo siempre me despierto temprano.
3. Yo no entiendo bien al profesor.
4. Yo me siento cerca de Juan.
5. Yo no me acuerdo de su nombre.
6. Yo le muestro mis ejercicios.
7. Yo empiezo mi trabajo a las nueve.

8. Yo pierdo mis libros con frecuencia.
9. Yo pienso ir a Miami para pasar mis vacaciones.
10. Yo cierro la ventana cuando salgo.

E. *Repita el ejercicio (C) usando la primera persona del plural. Empiece cada oración con* MI HERMANO Y YO: (1. *Mi hermano y yo* almorzamos a las ocho.)

F. *Use el pasado (pretérito):*

1. Yo me acuesto temprano.
2. Ellos cierran las ventanas antes de salir.
3. El cuenta el número de alumnos de la clase.
4. Juan piensa ir a Nueva York.
5. El vuelve a las ocho.
6. Los alumnos pierden mucho tiempo en la clase.
7. No entienden bien lo que dice el profesor.
8. Mi hermano se despierta temprano.
9. No nos sentamos allí.
10. No encuentro la caja de dulces.
11. Mis hermanos vuelven a casa a las seis y media.
12. La película empieza a las ocho.
13. Ellos se sientan en la primera fila.
14. Mi padre empieza a trabajar a las ocho.

G. *Seleccione la forma correcta:*

1. Ayer yo (fui, fue) con Juan al cine.
2. El profesor (conta, cuenta) el dinero que tiene en su cartera.
3. Yo (despierto, me despierto) a las ocho.
4. Mi mamá siempre (se despierta, despierta) a mi hermano a las siete y media.
5. La criada (acuesta, se acuesta) al niño temprano.
6. Ayer yo (perdí, perdió) mi cartera en el autobús.
7. Juan se sienta (delante, delante de) mí.
8. Vamos (junto, juntos) todos los días a la escuela.
9. Ayer yo (hice, hizo) mucho trabajo en casa.

10. Ellos (llegó, llegaron) tarde a la escuela.
11. Juan (es, está) enfermo hoy.
12. El profesor (se llama, llama) Carlos.
13. Los alumnos de su clase (son, están) muy aplicados.
14. También son muy (inteligente, inteligentes).

H. *Conteste estas preguntas:*

1. ¿A qué hora empieza su clase todos los días?
2. ¿A qué hora empezó su clase ayer?
3. ¿Se despierta usted temprano o tarde todos los días?
4. ¿A qué hora se despertó usted esta mañana?
5. ¿A qué hora se acuesta usted todas las noches?
6. ¿A qué hora se acuestan su mamá y su papá?
7. ¿A qué hora se acostó usted anoche?
8. ¿Pierde usted muchos o pocos libros durante el año escolar?
9. ¿Cuándo fue la última vez que usted perdió algo de valor? ¿Qué perdió?
10. ¿A qué hora se cierran las tiendas en esta ciudad?
11. ¿Entiende usted bien o mal al profesor cuando habla en español?
12. ¿A qué hora vuelve usted a su casa todos los días después de la clase?

# LECCION 20

**43. RADICAL-CHANGING VERBS**—(Continued): In the present indicative certain verbs of the third conjugation also change the vowel of the root, when stressed, from *e* to *ie* and from *o* to *ue*. (See preceding lesson for similar changes in verbs of the first and second conjugations.)

|  | sentir (ie) | dormir (ue) |
|---|---|---|
| yo | siento | duermo |
| tú | sientes | duermes |
| usted | siente | duerme |
| él, ella | siente | duerme |
| nosotros | sentimos | dormimos |
| vosotros | (sentís) | (dormís) |
| ustedes | sienten | duermen |
| ellos | sienten | duermen |

a) A second group of verbs of the third conjugation change the root vowel *e* to *i*. The verb *pedir* is typical of this group.

pedir—*pido, pides, pide, pedimos, (pedís), piden*

b) All the verbs of the third conjugation mentioned above which change in their root vowel also have one slight irregularity in the past tense (preterite) where they again change *e* to *i* and *o* to *u* in the third person singular and plural.

sentir—sentí, sentiste, *sintió*, sentimos, (sentisteis), *sintieron.*
dormir—dormí, dormiste, *durmió*, dormimos, (dormisteis), *durmieron.*
pedir—pedí, pediste, *pidió*, pedimos, (pedisteis), *pidieron.*

c) The following verbs are conjugated exactly like the model verbs shown above:

| (e → ie) | (o → ue) | (e → i) |
|---|---|---|
| preferir | dormir | despedirse |
| mentir | dormirse | pedir |

95

| (e → ie) | (o → ue) | (e → i) |
|----------|----------|---------|
| sentir | morir | repetir |
| sentirse | | servir |
| divertirse | | vestirse |
| | | reírse |

44. *Hacer* in expressions of weather: The verb *hacer* is usually used to express atmospheric conditions:

| | |
|---|---|
| ¿Qué tiempo hace? | *What is the weather like?* |
| Hace buen tiempo. | *The weather is nice.* |
| Hace mal tiempo. | *The weather is bad.* |
| ¿Hace calor? | *Is it hot (warm)?* |
| No, hace (mucho) frío. | *No, it's (very) cold.* |
| Pero hace (mucho) sol. | *But it's (very) sunny.* |
| Y hace (poco) viento. | *And it's (not very) windy.* |

Some expressions of weather do not use *hacer.*

| | |
|---|---|
| Hay (muchas) nubes. | *There are (many) clouds.* |
| Hay niebla. | *It is foggy.* |
| Llueve.* | *It's raining.* |
| Nieva.* | *It's snowing.* |

# EJERCICIOS

A. *Continúe la conjugación:*

1. Yo no duermo bien. (Tú no duermes bien. El no duerme bien. Etc.)
2. Yo me visto rápidamente.
3. Yo prefiero ir en autobús.
4. Yo pido un favor a Juan.
5. Yo no me siento bien.
6. Yo me despido de mis amigos.
7. Yo sirvo a los huéspedes.

B. *Llene los espacios en blanco con la forma correcta, tiempo presente, de los verbos entre paréntesis:*

1. Yo siempre ＿＿＿＿＿ (dormir) bien.
2. Ellos ＿＿＿＿＿ (preferir) comer más tarde.

---

* The verbs *llover,* to rain, and *nevar,* to snow, are used only in the third person singular.

3. ¿Cómo _____ (sentirse)* usted hoy?
4. Muchos soldados _____ (morir) durante una guerra.
5. Después de acostarme, yo _____ (dormirse)* inmediatamente.
6. Mi padre no _____ (dormir) bien.
7. Nosotros siempre _____ (divertirse) mucho en las fiestas de la escuela.
8. Yo no _____ (sentirse) bien hoy.
9. Yo _____ (sentir) mucho frío anoche.
10. Los niños siempre _____ (dormirse) en seguida.
11. ¿En qué restaurante _____ (preferir) usted comer hoy?
12. El muchacho no _____ (mentir).

C. *Llene los espacios en blanco con la forma correcta, tiempo presente, de los verbos en paréntesis, los cuales cambian la E de la raíz en I:*

1. Ellos _____ (repetir) cada ejercicio tres veces.
2. Mi hermano siempre _____ (vertirse) rápidamente.
3. La criada _____ (servir) la comida.
4. Ella siempre _____ (vestirse) con mucho cuidado.
5. Juan le _____ (pedir) a sus amigos muchos favores.
6. Los alumnos _____ (reírse) mucho de los chistes del profesor.
7. Yo le _____ (pedir) muchos favores a Juan.
8. María y su hermano _____ (vestirse) muy bien.
9. Antes de salir para Europa ellos _____ (despedirse) de todos sus amigos.
10. El niño _____ (pedir) permiso para salir.
11. Los mendigos _____ (pedir) limosnas en la calle.
12. El loro _____ (repetir) lo que oye.

---

* *Dormir* means *to sleep; dormirse* means *to fall asleep. Sentirse* means *to feel; sentir* means *to feel sorry.*

D. *Use el pasado (pretérito):*

1. El niño no duerme bien.
2. Ellos prefieren no ir al cine.
3. ¿A quién pide Juan dinero?
4. El señor López y su esposa se despiden de sus amigos.
5. Yo prefiero quedarme en casa.
6. Nos reímos mucho del cuento del profesor.
7. El se viste rápidamente.
8. El no se siente bien.
9. Se divierten mucho.
10. Tú repites el ejercicio en alta voz.
11. Yo me duermo en seguida.
12. El camarero nos sirve bien.
13. Yo siento no poder ir.
14. Los muchachos se divierten mucho en el parque.

E. *Use la tercera persona. Empiece cada oración con* MI PRIMO:

1. Yo me vestí rápidamente. (*Mi primo* se vistió rápidamente.)
2. Yo le pedí dinero a Juan para ir al cine.
3. Yo me reí mucho de lo que dijo el profesor.
4. Yo me despedí de todos mis amigos.
5. Yo serví la comida.
6. Yo comí demasiado ayer.
7. Yo me dormí en seguida.
8. Yo dormí mal anoche.
9. Yo me divertí mucho en la fiesta.
10. Yo no le mentí.

F. *Repita el ejercicio E usando la primera persona del plural. Empiece cada oración con* MI PRIMO Y YO: (1. *Mi primo y yo* nos vestimos rápidamente.)

G. *Use el presente de indicativo de* HACER, TENER, HABER (HAY), SER O ESTAR:

1. En verano _____ sol. (1. En verano hace sol.)

2. Tú siempre _____ frío.

3. Marzo y abril _____ meses de la primavera.

4. ¿En qué estación _____ frío?

5. _____ niebla hoy.

6. La nieve _____ fría.

7. Voy a abrir la ventana porque yo _____ calor.

8. No puedo tomar (drink) el café porque _____ muy caliente (hot).

9. _____ muchas nubes, pero el cielo _____ azul.

10. _____ muy buen tiempo hoy.

H. *Corrija los errores:*

1. Tengo dinero, pero no voy a dársela a Juan.

2. ¿A qué hora se acostó usted anoche?

3. Yo lavo mis manos antes de comer.

4. Ella está una muchacha muy bonita.

5. Ella y su hermana son también muy inteligente.

6. Anoche yo no duermo bien.

7. El niño no puede vestir solo.

8. La madre tiene que vestirse al niño.

9. Fue María que lo me dijo.

10. A mí no me gusta las manzanas.

11. Tengo mucho sed.

12. ¿Quién quiere ir con mi al cine esta noche?

I. *Conteste estas preguntas:*

1. ¿Se divirtieron ustedes mucho anoche en el baile?

2. ¿Durmió usted bien anoche, o durmió usted mal?

3. ¿Quién sirve la comida en la casa de ustedes?

4. ¿Por qué no se rió usted del chiste del profesor?

5. ¿Prefiere usted comer en casa o en un restaurante?

6. ¿Qué bebida prefieren en su país, café o té?

7. ¿Cuánto dinero le pidió a usted el mendigo en la calle?

8. ¿Por qué se despide Juan de sus amigos de la escuela?

9. ¿Por qué el niño no puede vestirse solo?

10. ¿Se durmió usted en seguida anoche al acostarse o estuvo mucho tiempo despierto?

11. ¿De qué enfermedad murió el padre de su amigo?
12. ¿Cuántas veces repiten ustedes estos ejercicios en clase cada día?
13. ¿Qué tiempo hace en el otoño?
14. ¿Nieva mucho en agosto?
15. ¿En qué estación llueve a menudo?

# LECCION 21

**45. FORMATION OF THE PAST IMPERFECT TENSE (EL IMPER-FECTO):** There are two past tenses in Spanish, a past absolute (el pretérito) and a past imperfect (el imperfecto). The past imperfect is the most regular and easiest to form of all tenses. There is one set of endings for *ar* verbs (*aba, abas, aba, ábamos, abais, aban*) and one set for *er* and *ir* verbs (*ía, ías, ía, íamos, íais, ían.*)

| HABLAR | | COMER | | VIVIR | |
|---|---|---|---|---|---|
| hablaba | hablábamos | comía | comíamos | vivía | vivíamos |
| hablabas | (hablabais) | comías | (comíais) | vivías | (vivíais) |
| hablaba | hablaban | comía | comían | vivía | vivían |

**46. USES OF THE PAST IMPERFECT (EL IMPERFECTO):** The past absolute (preterite) tense, as we learned in lesson 11, is used to describe a completed past action. The past imperfect (el imperfecto) has two uses:

a) It is used to describe a continuing past action, a situation or condition in the past.

| | |
|---|---|
| El *vivía* en Nueva York. | *He* lived *in New York.* |
| *Hacía* mucho calor. | *It* was *very warm.* |
| Me *sentía* mal. | *I* felt *bad.* |

Very often the action was continuing or going on when something else happened. It is identical in this use with the past continuous tense in English.

| | |
|---|---|
| Ellos *hablaban* español cuando yo entré. | *They* were speaking *Spanish when I came in.* |
| Juan *leía* un libro cuando llegamos. | *John* was reading *a book when we arrived.* |
| María estudiaba mientras yo escribía cartas. | *Mary* was studying *while I was writting letters.* |

b) The past imperfect tense is also used to describe a habitual, repeated or customary action in the past. It is equivalent in this construction to the English *used to*.

Yo *fumaba* mucho.          *I* used to smoke *a lot*.
Ella *escribía* muchas cartas.      *She* used to write *a lot of letters*.

c) The student should note that various verbs such as *creer, saber, deber, tener, sentirse* are generally used in the past imperfect tense in Spanish instead of in the simple past tense as is done in English. The implication in Spanish is that these verbs suggest a state or condition which prevailed for some time rather than something that existed only at a certain moment.

Yo *creía* que Juan estaba enfermo.
No *sabíamos* que hablaban español.

## EJERCICIOS

A. *Continúe la conjugación:*

1. Yo fumaba mucho. (Tú fumabas mucho. Usted fumaba mucho. El fumaba mucho. Etc.)
2. Yo comía en casa.
3. Yo escribía muchas cartas.
4. Yo hacía todo el trabajo solo.
5. Yo se lo explicaba todo.
6. Yo ponía mis libros sobre el escritorio.
7. Yo me levantaba temprano.
8. Yo me acostaba tarde.

B. *Use la forma correcta del imperfecto de los verbos entre paréntesis:*

1. Juan nunca _____ (contestar) las cartas que yo le escribía.
2. María _____ (estar) enferma cuando la visité.
3. María _____ (prepararse) para salir cuando la visité.
4. El señor López me _____ (dar) clases de español.
5. Yo siempre _____ (ayudar) a mi hermano con sus estudios.
6. Yo nunca le _____ (hablar) en español.

7. El _____ (empezar) a escribir sus ejercicios antes de la comida.

8. En ese tiempo ella _____ (estudiar) inglés.

9. Los niños _____ (estar) en el parque cuando pasé por allí.

10. Las tiendas _____ (cerrarse) a las cinco; pero ahora se cierran a las seis.

11. El año pasado yo _____ (levantarse) a las siete de la mañana.

12. La fiesta resultó mejor de lo que yo _____ (esperar).

C. *Use el imperfecto o el pretérito de los verbos entre paréntesis:*

1. María no _____ (saber) manejar su automóvil.

2. Carlos _____ (llegar) a casa a las cinco ayer.

3. Las tiendas _____ (abrirse) a las ocho; pero ahora se abren a las nueve.

4. Ella _____ (leer) una revista cuando llegamos.

5. ¿Qué _____ (hacer) Carlos cuando llegaron ustedes?

6. Cuando nosotros _____ (llegar) Juan estudiaba geografía.

7. Yo siempre _____ (aprender) la lección antes de venir a clase.

8. El padre de Antonio siempre _____ (venir) aquí de vacaciones en julio.

9. Yo no _____ (saber) que usted manejaba tan bien.

10. El _____ (salir) de su casa a las ocho hoy.

11. Al salir vimos que _____ (llover).

12. Yo les _____ (escribir) muchas cartas todos los meses.

D. *Use la primera persona del plural (Nosotros):*

1. Yo venía aquí cada verano. (*Nosotros* veníamos aquí cada verano.)

2. Viajaba por avión.
3. Le llamaba por teléfono todos los días.
4. Estudiaba inglés con él.
5. Me levantaba a las ocho.
6. Me ponía el abrigo de pieles.
7. Salía a la calle.
8. No podía creerlo.
9. Estaba muy cansado.
10. Almorzaba en casa.

E. *Repita el ejercicio anterior, usando la tercera persona del plural. Empiece cada oración con* MIS HERMANOS: (1. *Mis hermanos* venían aquí cada verano.)

F. *Cambie el pretérito por el imperfecto. Explique en cada caso la diferencia de significado:*

1. Yo visité a mis amigos.
2. ¿Escribió usted a su padre?
3. El tuvo un problema.
4. Leyó el ejercicio en alta voz.
5. Pusieron sus libros sobre la mesa.
6. Anduve despacio por la calle.
7. El no me dijo la verdad.
8. Nos explicó la lección muy claramente.
9. Le tuvo mucho miedo.
10. Me trajo muchos regalos de México.
11. Su actitud me sorprendió.
12. Le hablaste en español.

G. *Seleccione la forma correcta:*

1. Colón (descubrió, descubría) América en 1492.
2. Cuando llegué, Juan (tocó, tocaba) el piano.
3. Esta mañana yo (encontré, encontraba) a María en la calle.
4. Cuando (estuvo, estaba) en la universidad estudiaba francés.
5. Yo (me levantaba, levantaba) a las siete.

6. Tú (vivía, vivías) cerca de aquí.
7. Nos enseñan (leer, a leer) en español.
8. No trataron (a, de) comunicarse con nosotros.
9. Vi a Juan ayer; pero hoy no (lo, la) vi.
10. Anoche (me acuesto, me acosté) temprano.
11. (Este, Esto) año vamos a hacer un viaje a México.
12. ¿(Cuánto, Cuántos) días a la semana estudia usted español?
13. Lincoln fue uno de los presidentes más (famoso, famosos) de los Estados Unidos.
14. ¿Qué hora es? (Es, Son) las cinco.

H. *Conteste estas preguntas:*

1. ¿Cuántos años tenía usted cuando empezó a estudiar en la escuela primaria?
2. ¿Cuántos años tenían sus padres cuando se casaron?
3. ¿Qué hacía el profesor cuando usted llegó a la clase esta mañana?
4. ¿Qué hacían los otros alumnos?
5. ¿En qué año descubrió Colón América?
6. ¿Colón murió en España o en América?
7. ¿Cuántos barcos tenía Colón cuando hizo su primer viaje a América?
8. ¿Estaba abierta o cerrada la puerta cuando usted entró?
9. ¿Qué hora era cuando usted entró en la clase?
10. ¿A quién encontró usted cuando caminaba por el parque ayer?
11. ¿De qué hablaba el maestro cuando sonó el timbre?
12. Cuando su amigo vivía en Francia, ¿qué idioma hablaba?

# LECCION 22

**47. PAST IMPERFECT TENSE (EL IMPERFECTO)**—Continued: There are only three verbs which are irregular in the past imperfect tense. They are: *ser, ir,* and *ver.* The endings of all three are regular. They are not difficult to remember:

> ser—*era, eras, era, éramos, (erais), eran*
> ir—*iba, ibas, iba, íbamos, (ibais), iban*
> ver—*veía, veías, veía, veíamos, (veíais),veían*

Note that the past imperfect tense of the verb *ir* (*iba*) is used with the preposition *a* and an infinitive to express an action in the past which was planned but did not occur. It is used exactly like its English equivalent *was going to.*

> Yo *iba a llamarla* ayer, pero no tenía su número de teléfono.
> Juan *iba a jugar* tenis ayer, pero llovió.

**48. HAY-HABÍA:** The third person singular, present tense, of the verb *haber* when used as an impersonal verb is *hay. Hay* is equivalent in English to *there is* or *there are.*

> *Hay* una pizarra en la pared.
> *Hay* muchos alumnos ausentes hoy.

The past imperfect form of *haber* is *había. Había* is used as the past tense equivalent of *hay.*

> *Había* mucha gente en el cine anoche.
> *Había* pocas muchachas en la fiesta.

## EJERCICIOS

A. *Continúe la conjugación:*

1. Yo era niño en esa época. (Tú eras niño en esa época. Usted era niño en esa época. El era niño en esa época. Etc.)
2. Yo iba a la escuela en autobús.

3. Yo lo veía todos los días.
4. Yo era muy joven.
5. Yo iba a llamarla ayer.
6. Yo veía todas las películas nuevas.
7. Yo hablaba español muy bien.
8. Yo comía en casa.

B. *Use el imperfecto de los verbos entre paréntesis:*

1. Juan y yo _____ (ser) alumnos aplicados.
2. Lo vi cuando yo _____ (ir) a la escuela.
3. Ellos _____ (ver) todas las películas nuevas.
4. ¿Qué hora _____ (ser) cuando salió usted?
5. Todos los días cuando _____ (ir) a la escuela, veía a mis amigos.
6. Los dos hermanos _____ (ser) muy trabajadores.
7. Yo lo _____ (ver) muchas veces en la playa.
8. Ellos _____ (ser) aficionados al juego de pelota cuando _____ (ser) jóvenes.
9. Ellos _____ (ir) a todos los juegos.
10. Yo también _____ (ir) a todos los juegos de pelota y los _____ (ver) allí.
11. Los turistas _____ (ser) españoles.
12. Nosotros nos _____ (ver) a menudo en el parque.

C. *Cambie al imperfecto. Explique la diferencia en el significado de cada caso:*

1. Los alumnos hablaron en español.
2. Lo vi en el parque.
3. Fui al cine con Elena.
4. Estuvieron en casa.
5. El señor López explicó bien la lección.
6. Los dos hermanos llegaron a la misma hora.
7. Fueron a Nueva York en avión.
8. Comimos juntos en el restaurante de la esquina.
9. No comprendieron lo que dijo el profesor.
10. Les habló en español.

11. Hice una llamada telefónica de larga distancia.

12. Preparé mis lecciones en el autobús.

**D.** *Cambie al pretérito. Explique la diferencia en el signifi- cado de cada caso:*

1. Los alumnos le hacían muchas preguntas.
2. El venía a la escuela a pie.
3. Yo los veía en la escuela.
4. Iban al juego de pelota con su papá.
5. Le contestaban al profesor cortésmente.
6. Yo escuchaba la radio.
7. Mis hermanos se levantaban temprano.
8. Se vestían rápidamente, desayunaban y salían en seguida.
9. Yo salía de casa a las ocho.
10. María me engañaba.
11. Me encontraba con el profesor en el autobús.
12. Mi hermana se peinaba con mucho cuidado.

**E.** *Use el imperfecto del verbo* IR *con la preposición* A. Siga *el modelo:*

1. Yo _____ (llamar) a Juan anoche, pero no tenía su número de teléfono. (Yo *iba a llamar* a Juan anoche, pero no tenía su número de teléfono.)
2. Nosotros _____ (jugar) a las cartas anoche, pero María˙estaba enferma.
3. Ellos _____ (entregar) los paquetes ayer, pero no tuvieron tiempo.
4. Yo _____ (acostarse) temprano anoche, pero algunos amigos me visitaron.
5. Elena y yo _____ (caminar) por el parque, pero llovió.
6. Mi hermano _____ (ir) a los Estados Unidos a estudiar, pero cambió de idea (he changed his mind).
7. Yo _____ (estudiar) francés el año pasado, pero cambié de idea.

8. Nosotros _____ (levantarse) temprano, pero teníamos mucho sueño.

9. Yo _____ (escribir) varias cartas anoche, pero estaba muy cansado.

10. Me dijeron que _____ (hablar) español por lo menos una hora cada día.

F. *Use el imperfecto. Añada además una frase para completar la oración. Siga el modelo:*

1. Yo voy a escribir una composición. (Yo iba a escribir una composición, *pero no tenía tinta.*)
2. Ellos van a hacer un viaje a Nueva York.
3. Ellos van a venir a la escuela a pie todos los días.
4. Nosotros vamos a jugar tenis.
5. Yo voy a llamar a mi primo por teléfono.
6. Voy a ir a la biblioteca.
7. Van a tratar de leer una novela en español.
8. Vamos a preparar nuestras tareas todas las noches.
9. Yo voy a gastar menos dinero.
10. Juan va a poner dinero en el banco todas las semanas.

G. *Seleccione la forma correcta:*

1. Ellos (eran, éramos) turistas americanos.
2. Ayer (hay, había) muchos alumnos ausentes.
3. Cuando llegaron, mi padre (leyó, leía) el periódico como de costumbre.
4. Ayer (veía, vi) a Juan en el parque.
5. Anoche yo (era, estaba) muy cansado.
6. Enrique y su hermano siempre (eran, estaban) alumnos muy aplicados.
7. Todavía (son, están) alumnos muy aplicados.
8. El libro que leí anoche (era, estaba) una novela.
9. (Estas, Estos) periódicos son para nosotros.
10. ¿(Quién, A quién) visitaron Juan y María anoche?
11. Antonio se sienta (delante, delante de) mí.

12. Anoche (acosté, me acosté) muy tarde.
13. Yo encontré (el profesor, al profesor) en la calle ayer.
14. Anoche yo no (puedo, pude) preparar mis lecciones.

H. *Conteste estas preguntas:*

1. ¿Hay muchas o pocas muchachas en su clase de español?
2. ¿Había muchos o pocos alumnos ausentes?
3. ¿Cuántas ventanas hay en su sala de clase?
4. ¿Cuántas sillas hay? ¿Cuántas pizarras hay?
5. ¿Qué hora era cuando llegó usted a la escuela esta mañana?
6. ¿Qué hora era cuando llegó el profesor?
7. ¿A quién encontró usted cuando iba a la escuela esta mañana?
8. ¿Qué hacía el profesor cuando usted entró en la clase esta mañana?
9. ¿Había mucha o poca animación en el juego de pelota ayer?
10. ¿Qué había más, muchachos o muchachas, en el baile anoche?
11. ¿Por qué dijo usted que iba a gastar menos dinero en lo futuro?
12. ¿Era fácil o difícil la lección de ayer?

# LECCION 23

**49. FUTURE TENSE (EL FUTURO):** The future tense is formed by adding to the infinite the endings *é, ás, á, emos, (éis), án.*

| HABLAR | COMER | VIVIR |
|---|---|---|
| hablaré | comeré | viviré |
| hablarás | comerás | vivirás |
| hablará | comerá | vivirá |
| hablaremos | comeremos | viviremos |
| (hablaréis) | (comeréis) | (viviréis) |
| hablarán | comerán | vivirán |

a) The future tense (el futuro) is usually used exactly like the future tense in English, to describe action in the future, particularly an action expressing promise or determination.

> *Estudiaré más el próximo mes.*
> Mañana le *contaré* un cuento.

b) The future tense is also used to express probability or conjecture. This probability or conjecture usually refers to present time and is expressed in English by such words as *must, can, probably,* and *wonder.*

| | |
|---|---|
| ¿Dónde estarán mis libros? | *Where can my books be?* or *I wonder where my books are?* |
| Estarán en la mesa. | *They must be (are probably) on the table.* |
| ¿Quién será? | *Who can it be?* |
| Será el profesor. | *It must be (is probably) the teacher.* |

**50. GENDER OF NOUNS (GÉNERO DE LOS NOMBRES)**—Continued: In an earlier lesson, we learned that most nouns which end in *o* are masculine and that most nouns which end in *a* are feminine. Exceptions to this rule are *la* mano, *el* día, *el* mapa, *el* tranvía. Certain words of Greek origin which terminate in *ma* are also masculine rather than feminine: *el* clima, *el* problema, *el* idioma, *el* drama, *el* programa. All of these exceptions must be memorized.

**51. HACER in Time Expresions:** In Spanish an action begun in the past and continuing into the present is viewed as a present action. It is expressed with the idiomatic form *hace ... que* and a verb in the present tense. In English the present perfect tense is used.

| | |
|---|---|
| Hace cinco años que vivo aquí. | *I have lived (been living) here for five years.* |
| Hace dos días que llueve. | *It has been raining for two days.* |
| ¿Cuánto hace que estás aquí? | *How long have you been here?* |

When *hace . . . que* is followed by a verb in the past it means *ago*. When it is preceded by the verb, *que* is omitted.

| | |
|---|---|
| Hace un año que leí ese libro. | *I read that book a year ago.* |
| Hace cinco años que vivía allí. | *Five years ago I used to live there.* |
| Llegué a España hace una semana. | *I arrived in Spain a week ago.* |
| La vi hace una hora. | *I saw her an hour ago.* |

## EJERCICIOS

A. *Continúe la conjugación:*

1. Yo leeré mi composición en la clase. (Tú leerás tu composición en la clase. Usted leerá su composición en la clase. El leerá, etc.)
2. Yo lo encontraré en el parque.
3. Yo traeré a mi hermano.
4. Yo estaré allí temprano.
5. Yo serviré la comida.
6. Yo me levantaré temprano.
7. Yo me vestiré rápidamente.
8. Yo ayudaré a mi madre.

B. *Use el futuro de los verbos entre paréntesis:*

1. Nosotros _____ (pasar) tres semanas en el campo.
2. Yo _____ (visitar) a Alberto.
3. Ellos _____ (regresar) el miércoles que viene.
4. ¿Qué _____ (necesitar) Rosa para su viaje?
5. Yo le _____ (ayudar) a hacer sus maletas.
6. Ellos _____ (comprar) muchas cosas en Nueva York.

7. Ellos _____ (ir) en marzo y _____
(volver) en abril.

8. El señor Martínez _____ (estar) en México dos
meses.

9. Su esposa _____ (ir) con él.

10. El _____ (trabajar) allí para el gobierno.

11. Nosotros _____ (necesitar) varios trajes nuevos si vamos a México a pasar las vacaciones.

12. Estoy seguro que usted me _____ (escribir)
todas las semanas.

13. Yo le _____ (escribir) a usted también.

14. Yo le _____ (mandar) varios periódicos desde
México.

C. *Cambie las siguientes oraciones para expresar probabilidad
o conjetura. Siga el modelo:*

1. ¿Quién es? (¿Quién *será?*)

2. Es mi amigo.

3. Leen ese libro.

4. ¿Usted viaja con su padre?

5. ¿Comen temprano?

6. Ellos están en California.

7. ¿Llueve?

8. Es el mapa de la luna.

9. Juan está en la clase de español.

10. Aprenden mucho.

D. *Use la tercera persona. Empiece cada oración con* MI PADRE:

1. Yo iré a América del Sur en junio. (*Mi padre* irá a
América del Sur en junio.)

2. Permaneceré allí dos meses.

3. Volveré el primero de septiembre.

4. Visitaré a algunos amigos mexicanos.

5. También estudiaré español si tengo tiempo.

6. Hablaré español todo el tiempo.

7. Le escribiré todas las semanas.

8. También le traeré a usted algunos regalos si me **alcanza** el dinero.
9. Iré por avión.
10. Volveré por barco.

E. *Repita el ejercicio C usando la primera persona del plural. Empiece cada oración con* RAQUEL Y YO. *Repítalo otra vez usando la tercera persona del plural. Empiece cada oración con* MIS PADRES.

F. *Use el pasado (pretérito) y el futuro:*
1. El va a la escuela en autobús. (El *fue* a la escuela en autobús. El *irá* a la escuela en autobús.)
2. Juan le trae muchos regalos.
3. Hablan español.
4. Nosotros comemos en casa.
5. El vende sus libros al terminar el curso.
6. Ella ayuda mucho a su madre.
7. El está en su oficina.
8. Los dos hermanos estudian mucho.
9. Los precios bajan.
10. Yo compro muchos libros.
11. Ella lee muchas revistas.
12. Van al cine.
13. Usted es el primero en llegar.
14. Me levanto temprano.

G. *Use el artículo definido (el, la, los, las) correcto:*
1. A mí me gusta mucho _____ clima de Caracas.
2. El niño no quiere lavarse _____ manos.
3. Iré a México _____ tres de junio.
4. _____ problema de Juan es muy serio.
5. ¿Cuál es _____ programa de ustedes para hoy?
6. El profesor le dio _____ mano a Juan.
7. El viene aquí todos _____ días.

8. ¿Cuál es ............ idioma que le gusta más?
9. Tomé ............ tranvía en ............ esquina.
10. El profesor puso ............ dos mapas en ............ pared.


H. *Cambie el orden de las palabras para usar* HACE *en vez de* HACE . . . QUE:

1. Hace una hora que comí. (Comí *hace* una hora.)
2. Hace mucho que estoy en la fiesta.
3. Hace una semana que vine a Granada.
4. Hace cinco meses que viajo por la América del Sur.
5. Hace dos horas que me levanté.
6. Hace poco que llegué.
7. Hace mucho que construyen el edificio.
8. Hace mucho que construyeron el edificio.
9. Hace más de dos años que estudiamos francés.
10. Hace muchos días que no llueve.


I. *Seleccione la forma correcta:*

1. Mañana yo (comerá, comeré) en la casa de Juan.
2. A mí no me gusta (el, la) clima de Nueva York.
3. (Las, Los) autobuses van muy despacio hoy.
4. Cuando yo llegué Juan (dormía, durmió).
5. Ayer yo (era, estuve) muy enfermo.
6. Los (autobús, autobuses) de la Avenida Principal son grandes.
7. Ayer yo (salí, salía) de mi casa a las ocho.
8. Va al parque (todas las, todos los) días.
9. Nuestra clase (empiezo, empieza) a las ocho.
10. Siempre me lavo (los, las) manos antes de comer.
11. Yo no (sé, sabe) bien el español.
12. A mi hermano no (se, le) gusta bailar.
13. A mí no me gusta (levantar, levantarme) temprano.
14. ¿A dónde (fueron, iban) ustedes ayer cuando los vi en la calle?

J. *Conteste estas preguntas:*

1. ¿A qué hora se levantará mañana?
2. ¿A qué hora desayunará usted?
3. ¿Irá a la escuela a pie o en autobús?
4. ¿Cómo irá Juan a la escuela, a pie o en autobús?
5. ¿A qué hora empezará su clase?
6. ¿A qué hora almorzará usted mañana?
7. ¿Con quién almorzará usted mañana?
8. ¿A qué hora almorzarán los otros alumnos?
9. ¿A qué hora volverá usted a casa?
10. ¿A qué hora se acostará usted?
11. ¿A qué hora se acostarán sus padres?
12. ¿Qué clima prefiere usted, el de México o el de Nueva York?
13. ¿Cuántos meses hace que estudias español?
14. ¿Llegaste a casa hace mucho o hace poco?

# LECCION 24

52. FUTURE TENSE — IRREGULAR VERBS: All verbs have regular endings in the future but the following verbs have irregular stems:

haber—*habré, habrás, habrá, habremos, (habréis), habrán*
poner—*pondré, pondrás, pondrá, pondremos, (pondréis), pondrán*
hacer—*haré, harás, hará, haremos, (haréis), harán*
decir—*diré, dirás, dirá, diremos, (diréis), dirán*
querer—*querré, querrás, querrá, querremos, (querréis), querrán*

a) The following are conjugated exactly like *haber:* —*poder, saber, caber.* (The *e* of the infinitive is dropped.) Thus, *podré,* (instead of *poderé*), *podrás, podrá,* etc.; *sabré, sabrás,* etc.; *cabré, cabrás,* etc.

b) The following are conjugated like *poner:* — *salir, tener, venir, valer.* (The letter *d* replaces the characteristic *i* of the infinitive.) Thus, *saldré* (instead of *saliré*), *saldrás,* saldrá, etc.; *tendré, tendrás,* etc.; *vendré, vendrás,* etc.; *valdré, valdrás,* etc.

53. GENDER OF NOUNS (Continued): For reasons of euphony the article *el* instead of *la* is used in the singular before all feminine words beginning with a stressed *a* or *ha* (*el* agua, *el* alma, *el* hambre, *el* aula, etc.) In the plural the normal feminine article *las* is used (*las* aguas, *las* almas, etc.)

## EJERCICIOS

A. *Continúe la conjugación:*

1. Yo lo haré mañana. (Tú lo harás mañana. Usted lo hará mañana. Etc.)  '
2. Yo pondré mis libros sobre la mesa.
3. Yo vendré temprano.
4. Yo saldré a las ocho.

5. Yo tendré mucho que hacer mañana.
6. Yo no podré hacerlo mañana.
7. Yo se lo diré esta noche.
8. Yo no querré hacerlo.

B. *Use el futuro de los verbos entre paréntesis:*

1. Juan _____ (hacer) todo el trabajo solo.
2. Si estudia mucho María _____ (saber) español pronto.
3. Yo le _____ (decir) mañana lo que dijo el profesor acerca de usted en la clase hoy.
4. Juan dice que _____ (haber) muchas muchachas bonitas en la fiesta mañana por la noche.
5. ¿A qué hora _____ (salir) tú para Nueva York?
6. Estos libros no _____ (caber) en mi escritorio.
7. Mi padre _____ (venir) a la escuela mañana conmigo.
8. Yo no _____ (poder) ir contigo al juego de pelota esta tarde.
9. Yo _____ (tener) que ayudar a mi padre.
10. Los alumnos _____ (tener) que estudiar más si quieren aprobar este curso.
11. ¿Cuándo _____ (hacer) usted otro viaje a México?
12. El profesor nos _____ (decir) mañana algo sobre el examen.
13. Yo _____ (poner) sus libros sobre la mesa.
14. Nosotros _____ (salir) de casa por la mañana.

C. *Use la tercera persona del singular. Empiece cada oración con* MI PRIMO:

1. Yo sabré mucho después de terminar este curso. (*Mi primo* sabrá mucho después de terminar este curso.)
2. Saldré de mi casa a las ocho.
3. Vendré a la escuela en autobús.
4. Pondré mis libros sobre la mesa.
5. Le diré a usted algo importante.
6. No podré hacerlo mañana.

7. No querré repetir el mismo curso.
8. Haré el viaje en junio.
7. Tendré que leer dos novelas la semana que viene.
10. Mañana sabre qué cursos tendré que tomar el año que viene.

D. *Repita el ejercicio C usando la primera persona del plural. Empiece cada oración con* MI PRIMO Y YO. *Repítalo otra vez usando la tercera persona del plural. Empiece cada oración con* MIS PRIMOS.

E. *Use el pasado (pretérito) y el futuro. Añada las palabras* AYER O MAÑANA.

1. Yo vengo en autobús. (Yo *vine* en autobús *ayer.* Yo *vendré* en autobús *mañana.*)
2. Me pongo los guantes.
3. Antonio hace un viaje a Venezuela.
4. El profesor les habla en español.
5. Van al cine.
6. Yo le digo la verdad.
7. Tienen mucho que hacer.
8. Mis hermanos salen de la casa a las ocho.
9. Elena no puede ir con nosotros.
10. El hace su trabajo bien.
11. Se lavan las manos antes de comer.
12. Me levanto temprano.
13. Mis padres están en California.
14. Yo vendo mis libros al fin del curso.
15. Vienen aquí por avión.

F. *Use el artículo definido (el, la, los, las) correcto:*

1. _____ agua de este lago no es limpia.
2. _____ águila vuela muy alto.
3. No es posible beber _____ aguas de ese manantial (spring).
4. En algunos países _____ hambre crea muchos problemas.
5. _____ clima de Caracas es muy agradable.

6. El trabaja mucho todos _____ días.

7. ¿Cuál va más rápido, _____ tranvía o _____ autobús?

8. _____ hacha que llevaba al hombro era muy pesada.

9. _____ terminaciones de _____ verbos en _____ futuro no son difíciles de recordar.

10. Puso _____ mapa en _____ pared.

11. A mí me gustan _____ idiomas.

12. ¿Cuáles son _____ días de _____ semana?

G. *Seleccione la forma correcta:*

1. El águila que vimos en el parque zoológico era (negro, negra).

2. El agua no está (limpio, limpia).

3. Tengo (mucho, mucha) hambre.

4. Tienen (mucho, mucha) sed.

5. Los niños tienen (mucho, mucha) miedo (del, de la) águila.

6. Mañana van a (levantar, levantarse) temprano.

7. Oigo un ruido. ¿Quién (es, está) en el cuarto contiguo?

8. (La agua, El agua) de este pozo no es buena.

9. Yo (irá, iré) mañana al parque con Carlos.

10. Ellos tienen (el, la) problema de no hablar bien (el, la) idioma.

11. (Las, Los) problemas del gobierno son difíciles.

12. (Había, Habrá) muchos alumnos ausentes mañana.

13. ¿Cree usted que Juan (será, estará) en casa?

14. El profesor se enojó porque cuando entró (hablamos, hablábamos) en inglés.

15. Cuando yo (era, estaba) joven, me gustaba mucho bailar.

H. *Conteste estas preguntas:*

1. ¿A qué hora saldrá usted de su casa mañana?

2. ¿A qué hora saldrá su padre?

3. ¿Vendrá usted a la escuela mañana a pie o en autobús?

4. Al llegar a su clase, ¿qué le dirá usted al profesor?

5. ¿Qué le dirá a usted el profesor?

6. Al entrar en la clase, ¿dónde pondrá usted sus libros?

7. ¿Dónde pondrán los otros alumnos sus libros?
8. ¿Cuántas lecciones tendrá que preparar usted esta noche en su casa?
9. ¿Sabrá usted mucha o poca gramática después de terminar este libro?
10. ¿Podrá usted hablar español bien al final de este curso?
11. ¿Habrá muchas o pocas personas en la fiesta esta noche?
12. ¿Qué traje se pondrá usted para ir a la fiesta?

# LECCION 25

**54. SHORTENED FORMS OF ADJECTIVES:** The following adjectives drop the final *o* when they precede the noun which they modify: *bueno, malo, uno, alguno, ninguno, primero, tercero.* (The regular ending is not altered when they precede a feminine noun or nouns in the plural.)

| | |
|---|---|
| un hombre bueno | un *buen* hombre |
| el libro primero | el *primer* libro |

The words *grande* and *ciento* lose their final syllable when placed before the nouns they modify:

| | |
|---|---|
| una ciudad grande | una *gran ciudad* |
| un ciento de pesos | *cien* pesos |

A few adjectives such as *grande, pobre*, change their meaning slightly when placed before the nouns they modify: un *gran* hombre (a great man), un hombre *grande* (a big man); una pobre mujer (a poor, *pitiful* woman), una mujer pobre (a poor, *poverty-stricken* woman).

**55. NEGATIVE WORDS:** The student should note that the following words, most of which are already familiar to him, fall into convenient pairs, one word of the pair having a positive connotation and its companion word a negative connotation:

| *Positivo* | | *Negativo* |
|---|---|---|
| algo | — | nada |
| alguien | — | nadie |
| siempre | — | nunca |
| también | — | tampoco |
| alguno | — | ninguno |

| | |
|---|---|
| El tiene *algo*. | El no tiene *nada*. |
| Vi a *alguien*. | No vi a *nadie*. |
| El vino *también*. | El no vino *tampoco*. |

122

# EJERCICIOS

A. *Llene los espacios en blanco con la forma correcta del adjetivo entre paréntesis:*

1. Marzo es el _____ (tercero) mes del año.
2. ¿Cuál es el _____ (primero) día de la semana?
3. Lincoln era un _____ (grande) presidente.
4. Hay más de _____ (ciento) alumnos en nuestra escuela.
5. Era la _____ (primero) fiesta del año.
6. El y mi padre eran muy _____ (bueno) amigos.
7. Juan es un _____ (bueno) amigo.
8. Iremos allí juntos _____ (alguno) día.
9. El no tiene _____ (ninguno) amigo en la escuela.
10. Tenemos que visitarle _____ (alguno) noche.
11. Me dio _____ (ciento) libros para mi biblioteca.
12. Leí ayer un _____ (bueno) libro y una _____ (bueno) revista.

B. *Use el adjetivo después del nombre que modifica. Siga el modelo:*

1. Empezaremos a estudiar pronto el *tercer* libro. (Empezaremos a estudiar pronto el libro *tercero*.)
2. Yo no tengo *ningún* apetito.
3. El año pasado fue un *buen* año para nosotros.
4. No vi a *ningún* hombre en la calle.
5. Vamos a estudiar la *tercera* lección.
6. Mañana será el *primer* día del mes.
7. Leemos el *tercer* ejercicio.
8. El nació en un *gran* país.
9. Tenía la apariencia de una *mala* persona.
10. Era un *mal* alumno.

C. *Use la forma negativa equivalente en vez de las palabras en letra cursiva. Siga el modelo:*

1. Tengo *algo* para usted. (No tengo *nada* para usted.)
2. Vi a *alguien* en la calle.

3. *Siempre* viene en autobús.
4. Encontré *algo* en mi bolsillo.
5. *Alguien* abrió la puerta.
6. Sé *algo* del asunto.
7. Necesito *algún* tiempo para descansar.
8. Viste a *alguien* en la oficina.
9. *Siempre* le da *algo*.
10. Hay *algo* sobre la mesa.

D. *Use la forma negativa. Siga el modelo:*

1. A mí *también* me gusta bailar. (A mí *tampoco* me gusta bailar.)
2. El también habla español.
3. Yo también tendré algún dinero.
4. El también vio a alguien en la oficina.
5. Juan también lee muchos libros.
6. Su hermana también canta.
7. También le compra muchos regalos.
8. También tengo un sombrero mexicano.

E. *Use la forma positiva:*

1. El tampoco llega a tiempo. (El *también* llega a tiempo.)
2. A mí tampoco me gusta viajar.
3. El no tiene dinero tampoco.
4. No recibe regalos tampoco.
5. No le compra nada tampoco.
6. Ella no baila bien tampoco.
7. No entienden al profesor tampoco.
8. Nunca leía libros tampoco.
9. No prepara sus lecciones tampoco.
10. No me llamo Antonio tampoco.

F. *Seleccione la forma correcta:*

1. A él no le gusta ir a la playa (también, tampoco).
2. Es un muchacho (mal, malo).
3. Hoy es el (primer, primero) día de agosto.

4. A Juan le gusta el clima de Nueva York; a mí (me gusto, me gusta) también.
5. Yo siempre (pongo, me pongo) el abrigo antes de salir.
6. (Nosotros, Nosotras) somos viejas amigas.
7. (Este, Esta) pluma no sirve.
8. El señor López (es, está) en la oficina del director.
9. El (era, estaba) un maestro magnífico.
10. A mí me (encanta, encantan) las tiendas de Nueva York.
11. María dice que (vio, no vio) a nadie en el patio.
12. A mis padres (les, le) gusta mucho viajar.
13. Vi a María anteayer; pero no (le, la) vi ayer.
14. María es una (buen, buena) muchacha.
15. Su hermano Juan es también un (buen, bueno) muchacho.

G. *Conteste las siguientes preguntas usando la forma negativa:*

1. ¿Había *alguien* en la oficina?
2. ¿Tiene usted *algo* que estudiar en casa esta noche?
3. ¿Tiene Juan *algunos* amigos en la escuela?
4. ¿*Siempre* llega usted a la escuela a tiempo?
5. ¿Habla usted *también* francés?
6. ¿Encontró usted *algunos* amigos cuando iba a la escuela esta mañana?
7. ¿Abrió *alguien* la puerta?
8. ¿Tiene usted *algún* dinero?
9. ¿*Siempre* se levanta usted temprano?
10. ¿*También* canta Juan esta noche?

# APPENDIX

# REGULAR VERBS

## FIRST CONJUGATION
### HABLAR

| | | | | | | |
|---|---|---|---|---|---|---|
| PRESENT | habl | o | as | a | amos | áis | an |
| IMPERFECT | habl | aba | abas | aba | ábamos | abais | aban |
| PRETERITE | habl | é | aste | ó | amos | asteis | aron |
| FUTURE | hablar | é | ás | á | emos | éis | án |
| CONDITIONAL | hablar | ía | ías | ía | íamos | íais | ían |
| PRES. SUBJ. | habl | e | es | e | emos | éis | en |
| IMP. SUBJ. (1) | habl | ara | aras | ara | áramos | arais | aran |
| IMP. SUBJ. (2) | habl | ase | ases | ase | ásemos | aseis | asen |
| IMPERATIVE | habl | | a | e | emos | ad | en |
| PRES. PART. | habl | ando | | | | | |
| PAST PART. | habl | ado | | | | | |

## SECOND CONJUGATION
### COMER

| | | | | | | |
|---|---|---|---|---|---|---|
| PRESENT | com | o | es | e | emos | éis | en |
| IMPERFECT | com | ía | ías | ía | íamos | íais | ían |
| PRETERITE | com | í | iste | ió | imos | isteis | ieron |
| FUTURE | comer | é | ás | á | emos | éis | án |
| CONDITIONAL | comer | ía | ías | ía | íamos | íais | ían |
| PRES. SUBJ. | com | a | as | a | amos | áis | an |
| IMP. SUBJ. (1) | com | iera | ieras | iera | iéramos | ierais | ieran |
| IMP. SUBJ. (2) | com | iese | ieses | iese | iésemos | iseis | iesen |
| IMPERATIVE | com | | e | a | amos | ed | an |
| PRES. PART. | com | iendo | | | | | |
| PAST PART. | com | iendo | | | | | |

## THIRD CONJUGATION
### VIVIR

| | | | | | | |
|---|---|---|---|---|---|---|
| PRESENT | viv | o | es | e | imos | ís | en |
| IMPERFECT | viv | ía | ías | ía | íamos | íais | ían |
| PRETERITE | viv | í | iste | ió | imos | isteis | ieron |
| FUTURE | vivir | é | ás | á | emos | éis | án |
| CONDITIONAL | vivir | ía | ías | ía | íamos | íais | ían |
| PRES. SUBJ. | viv | a | as | a | amos | áis | an |
| IMP. SUBJ. (1) | viv | iera | ieras | iera | iéramos | ierais | ieran |
| IMP. SUBJ. (2) | viv | iese | ieses | iese | iésemos | ieseis | iesen |
| IMPERATIVE | viv | | e | a | amos | id | an |
| PRES. PART. | viv | iendo | | | | | |
| PAST PART. | viv | ido | | | | | |

# COMPOUND TENSES

| INFINITIVE | I | II | III |
|---|---|---|---|
| PRES. PERFECT PARTICIPLE | haber hablado | haber comido | haber vivido |
| PRES. PERFECT INDICATIVE | habiendo hablado | habiendo comido | habiendo vivido |
| PRES. PERFECT | he hablado | he comido | he vivido |
| PAST PERFECT | había hablado | había comido | había vivido |
| FUTURE PERFECT | habré hablado | habré comido | habré vivido |
| COND. PERFECT SUBJUNCTIVE | habría hablado | habría comido | habría vivido |
| PRES. PERFECT | haya hablado | haya comido | haya vivido |
| PAST PERFECT (1) | hubiera hablado | hubiera comido | hubiera vivido |
| PAST PERFECT (2) | hubiese hablado | hubiese comido | hubiese vivido |

## IRREGULAR VERBS*

**(ANDAR)**
PARTICIPLES    andando, andado
PRETERIT    anduve, anduviste, anduvo, anduvimos, anduvisteis, anduvieron
IMP. SUBJ.    (1) anduviera, anduvieras, etc. (2) anduviese, anduvieses, etc.

**(CABER)**
PARTICIPLES    cabiendo, cabido
PRESENT    quepo, cabes, cabe, cabemos, cabéis, caben
PRETERITE    cupe, cupiste, cupo, cupimos, cupisteis, cupieron
FUTURE    cabré, cabrás, etc.
COND.    cabría, cabrías, etc.
PRES. SUBJ.    quepa, quepas, quepa, quepamos, quepáis, quepan
IMP. SUBJ.    (1) cupiera, cupieras, etc. (2) cupiese, cupieses, etc.

**(CAER)**
PARTICIPLES    cayendo, caído
PRESENT    caigo, caes, cae, caemos, caéis, caen
PRETERITE    caí, caíste, cayó, caímos, caísteis, cayeron
PRES. SUBJ.    caiga, caigas, caiga, caigamos, caigáis, caigan
IMP. SUBJ.    (1) cayera, cayeras, etc. (2) cayese, cayeses, etc.

**(DAR)**
PARTICIPLES    dando, dado
PRESENT    doy, das, da, damos, dais, dan
PRETERITE    di, diste, dio, dimos, disteis, dieron
PRES. SUBJ.    dé, des, dé, demos, deis, den
IMP. SUBJ.    (1) diera, dieras, etc. (2) diese, dieses, etc.

**(DECIR)**
PARTICIPLES    diciendo, dicho
PRESENT    digo, dices, dice, decimos, decís, dicen
PRETERITE    dije, dijiste, dijo, dijimos, dijisteis, dijeron
FUTURE    diré, dirás, etc.
COND.    diría, dirías, etc.
PRES. SUBJ.    diga, digas, diga, digamos, digáis, digan
IMP. SUBJ.    (1) dijera, dijeras, etc. (2) dijese, dijeses, etc.

**(ESTAR)**
PARTICIPLES    estando, estado
PRESENT    estoy, estás, está, estamos, estáis, están
PRETERITE    estuve, estuviste, estuvo, estuvimos, estuvisteis, estuvieron
PRES. SUBJ.    esté, estés, esté, estemos, estéis, estén
IMP. SUBJ.    (1) estuviera, estuvieras, etc. (2) estuviese, estuvieses, etc.

---

*Only the tenses in which some irregularity occurs are listed for each verb.

```
(HABER)
PARTICIPLES        habiendo, habido
PRESENT            he has, ha, hemos, habéis, han
PRETERITE          hube, hubiste, hubo, hubimos, hubisteis, hubieron
FUTURE             habré, habrás, etc.
COND.              habría, habrías, etc.
PRES. SUBJ.        haya, hayas, haya, hayamos, hayáis, hayan
IMP. SUBJ.         (1) hubiera, hubieras, etc. (2) hubiese, hubieses, etc.


(HACER)
PARTICIPLES        haciendo, hecho
PRESENT            hago, haces, hace, hacemos, hacéis, hacen
PRETERITE          hice, hiciste, hizo, hicimos, hicisteis, hicieron
FUTURE             haré, harás, etc.
COND.              haría, harías, etc.
PRES. SUBJ.        haga, hagas, haga, hagamos, hagáis, hagan
IMP. SUBJ.         (1) hiciera, hicieras, etc. (2) hiciese, hicieses, etc.


(IR)
PARTICIPLES        yendo, ido
PRESENT            voy, vas, va, vamos, vais, van
IMPERFECT          iba, ibas, iba, íbamos, ibais, iban
PRETERITE          fui, fuiste, fue, fuimos, fuisteis, fueron
PRES. SUBJ.        vaya, vayas, vaya, vayamos, vayáis, vayan
IMP. SUBJ.         (1) fuera, fueras, etc. (2) fuese, fueses, etc.


(OIR)
PARTICIPLES        oyendo, oído
PRESENT            oigo, oyes, oye, oímos, oís, oyen
PRETERITE          oí, oíste, oyó, oímos, oísteis, oyeron
PRES. SUBJ.        oiga, oigas, oiga, oigamos, oigáis, oigan.
IMP. SUBJ.         (1) oyera, oyeras, etc. (2) oyese, oyeses, etc.


(PODER)
PARTICIPLES        pudiendo, podido
PRESENT            puedo, puedes, puede, podemos, podéis, pueden
PRETERITE          pude, pudiste, pudo, pudimos, pudisteis, pudieron
FUTURE             podré, podrás, etc.
COND.              podría, podrías, etc.
PRES. SUBJ.        pueda, puedas, pueda, podamos, podáis, puedan
IMP. SUBJ.         (1) pudiera, pudieras, etc. (2) pudiese, pudieses, etc.


(PONER)
PARTICIPLES        poniendo, puesto
PRESENT            pongo, pones, pone, ponemos, ponéis, ponen
PRETERITE          puse, pusiste, puso, pusimos, pusisteis, pusieron
FUTURE             pondré, pondrás, etc.
COND.              pondría, pondrías, etc.
PRES. SUBJ.        ponga, pongas, ponga, pongamos, pongáis, pongan
IMP. SUBJ.         (1) pusiera, pusieras, etc. (2) pusiese, pusieses, etc.


(QUERER)
PARTICIPLES        queriendo, querido
PRESENT            quiero, quieres, quiere, queremos, queréis, quieren
PRETERITE          quise, quisiste, quiso, quisimos, quisisteis, quisieron
FUTURE             querré, querrás, etc.
COND.              querría, querrías, etc.
PRES. SUBJ.        quiera, quieras, quiera, queramos, queráis, quieran
IMP. SUBJ.         (1) quisiera, quisieras, etc. (2) quisiese, quisieses, etc.
```

(SABER)

| | |
|---|---|
| PARTICIPLES | sabiendo, sabido |
| PRESENT | sé, sabes, sabe, sabemos, sabéis, saben |
| PRETERITE | supe, supiste, supo, supimos, supisteis, supieron |
| FUTURE | sabré, sabrás, etc. |
| COND. | sabría, sabrías, etc. |
| PRES. SUBJ. | sepa, sepas, sepa, sepamos, sepáis, sepan |
| IMP. SUBJ. | (1) supiera, supieras, etc. (2) supiese, supieses, etc. |

(SALIR)

| | |
|---|---|
| PARTICIPLES | saliendo, salido |
| PRESENT | salgo, sales, sale, salimos, salís, salen |
| FUTURE | saldré, saldrás, etc. |
| COND. | saldría, saldrías, etc. |
| PRES. SUBJ. | salga, salgas, salga, salgamos, salgáis, salgan |

(SER)

| | |
|---|---|
| PARTICIPLES | siendo, sido |
| PRESENT | soy, eres, es, somos, sois, son |
| IMPERFECT | era, eras, era, éramos, erais, eran |
| PRETERITE | fui, fuiste, fue, fuimos, fuisteis, fueron |
| PRES. SUBJ. | sea, seas, sea, seamos, seáis, sean |
| IMP. SUBJ. | (1) fuera, fueras, etc. (2) fuese, fueses, etc. |

(TENER)

| | |
|---|---|
| PARTICIPLES | teniendo, tenido |
| PRESENT | tengo, tienes, tiene, tenemos, tenéis, tienen |
| PRETERITE | tuve, tuviste, tuvo, tuvimos, tuvisteis, tuvieron |
| FUTURE | tendré, tendrás, etc. |
| COND. | tendría, tendrías, etc. |
| PRES. SUBJ. | tenga, tengas, tenga, tengamos, tengáis, tengan |
| IMP. SUBJ. | (1) tuviera, tuvieras, etc. (2) tuviese, tuvieses, etc. |

(TRADUCIR)

| | |
|---|---|
| PARTICIPLES | traduciendo, traducido |
| PRESENT | traduzco, traduces, traduce, traducimos, traducís, traducen |
| PRETERITE | traduje, tradujiste, tradujo, tradujimos, tradujisteis, tradujeron |
| PRES. SUBJ. | traduzca, traduzcas, traduzca, traduzcamos, traduzcáis, traduzcan |
| IMP. .SUBJ. | (1) tradujera, tradujeras, etc. (2) tradujese, tradujeses, etc. |

(TRAER)

| | |
|---|---|
| PARTICIPLES | trayendo, traído |
| PRESENT | traigo, traes, trae, traemos, traéis, traen |
| PRETERITE | traje, trajiste, trajo, trajimos, trajisteis, trajeron |
| PRES. SUBJ. | traiga, traigas, traiga, traigamos, traigáis, traigan |
| IMP. SUBJ. | (1) trajera, trajeras, etc. (2) trajese, trajeses, etc. |

(VALER)

| | |
|---|---|
| PARTICIPLES | valiendo, valido |
| PRESENT | valgo, vales, vale, valemos, valéis, valen |
| FUTURE | valdré, valdrás, etc. |
| COND. | valdría, valdrías,etc. |
| PRES. SUBJ. | valga, valgas, valga, valgamos, valgáis, valgan |

| (VENIR) | |
|---|---|
| PARTICIPLES | viniendo, venido |
| PRESENT | vengo, vienes, viene, venimos, venís, vienen |
| PRETERITE | vine, viniste, vino, vinimos, vinisteis, vinieron |
| FUTURE | vendré, vendrás, etc. |
| COND. | vendría, vendrías, etc. |
| PRES. SUBJ. | venga, vengas, venga, vengamos, vengáis, vengan |
| IMP. SUBJ. | (1) viniera, vinieras, etc. (2) viniese, vinieses, etc. |

| (VER) | |
|---|---|
| PARTICIPLES | viendo, visto |
| PRESENT | veo, ves, ve, vemos, veis, ven |
| IMPERFECT | veía, veías, veía, veíamos, veíais, veían |
| PRETERITE | vi, viste, vio, vimos, visteis, vieron |
| PRES. SUBJ. | vea, veas, vea, veamos, veáis, vean |
| IMP. SUBJ. | (1) viera, vieras, etc. (2) viese, vieses, etc. |

# RADICAL CHANGING VERBS

| (PENSAR) | |
|---|---|
| PRES. IND. | pienso, piensas, piensa, pensamos, pensáis, piensan |
| PRES. SUBJ. | piense, pienses, piense, pensemos, penséis, piensen |

| (PERDER) | |
|---|---|
| PRES. IND. | pierdo, pierdes, pierde, perdemos, perdéis, pierden |
| PRES. SUBJ. | pierda, pierdas, pierda, perdamos, perdáis, pierdan |
| Like *perder*: | defender, entender, etc. |

| (CONTAR) | |
|---|---|
| PRES. IND. | cuento, cuentas, cuenta, contamos, contáis, cuentan |
| PRES. SUBJ. | cuente, cuentes, cuente, contemos, contéis, cuenten |
| Like *contar*: | acordarse, acostarse, almorzar, costar, encontrar, recordar, rogar, soñar, jugar, etc. |

| (VOLVER) | |
|---|---|
| PRES. IND. | vuelve, vuelves, vuelve, volvemos, volvéis, vuelven |
| PRES. SUBJ. | vuelva, vuelvas, vuelva, volvamos, volváis, vuelvan |
| Like *volver*: | llover, morder, mover, etc. |

| (JUGAR) | |
|---|---|
| PRES. IND. | juego, juegas, juega, jugamos, jugáis, juegan |
| PRES. SUBJ. | juegue, juegues, juegue, juguemos, juguéis, jueguen |

| (SENTIR) | |
|---|---|
| PARTICIPLES | sintiendo, sentido |
| PRES. IND. | siento, sientes, siente, sentimos, sentís, sienten |
| PRETERITE | sentí, sentiste, sintió, sentimos, sentisteis, sintieron |
| PRES. SUBJ. | sienta, sientas, sienta, sintamos, sintáis, sientan |
| IMP. SUBJ. | (1) sintiera, sintieras, etc. (2) sintiese, sintieses, etc. |
| Like *sentir*: | concernir, discernir, digerir, etc. |

| (DORMIR) | |
|---|---|
| PARTICIPLES | durmiendo, dormido |
| PRES. IND. | duermo, duermes, duerme, dormimos, dormís, duermen |
| PRETERITE | dormí, dormiste, durmió, dormimos, dormisteis, durmieron |
| PRES. SUBJ. | duerma, duermas, duerma, durmamos, durmáis, duerman |
| IMP. SUBJ. | (1) durmiera, durmieras, etc. (2) durmiese, durmieses, etc. |

```
(PEDIR)
PARTICIPLES          pidiendo, pedido
PRES. IND.           pido, pides, pide, pedimos, pedís, piden
PRETERITE            pedí, pediste, pidió, pedimos, pedisteis, pidieron
PRES. SUBJ.          pida, pidas, pida, pidamos, pidáis, pidan
IMP. SUBJ.           (1) pidiera, pidieras, etc. (2) pidiese, pidieses, etc.
   Like pedir:       corregir, despedir, elegir, repetir, servir, vestir, etc.
(REIR)
PARTICIPLES          riendo, reído
PRES. IND.           río, ríes, río, reímos, reís, ríen
PRETERITE            reí, reíste, rió, reímos, reísteis, rieron
PRES. SUBJ.          ría, rías, ría, riamos, riáis, rían
IMP. SUBJ.           (1) riera, rieras, etc. (2) riese, rieses, ets.
```

# ORTHOGRAPHIC CHANGES

```
(BUSCAR)
PRETERITE            busqué, buscaste, buscó, buscamos, buscasteis, buscaron
PRES. SUBJ.          busque, busques, busque, busquemos, busquéis, busquen
   Like buscar:      acercar, sacar, tocar, etc.
(PAGAR)
PRETERITE            pagué, pagaste, pagó, pagamos, pagasteis, pagaron
PRES. SUBJ.          pague, pagues, pague, paguemos, paguéis, paguen
   Like pagar:       entregar, llegar, negar, rogar, etc.
(CRUZAR)
PRETERITE            crucé, cruzaste, cruzó, cruzamos, cruzasteis, cruzaron
PRES. SUBJ.          cruce, cruces, cruce, crucemos, crucéis, crucen
   Like cruzar:      almorzar, empezar, lanzar, etc.
(COGER)
PRES. IND.           cojo, coges, coge, cogemos, cogéis, cogen
PRES. SUBJ.          coja, cojas, coja, cojamos, cojáis, cojan
   Like coger:       escoger, proteger, recoger, etc.
(DIRIGIR)
PRES. IND.           dirijo, diriges, dirige, dirigimos, dirigís, dirigen
PRES. SUBJ.          dirija, dirijas, dirija, dirijamos, dirijáis, dirijan
   Like dirigir:     corregir, elegir, exigir, etc.
(DISTINGUIR)
PRES. IND.           distingo, distingues, distingue, distinguimos, distinguís,
                        distinguen
PRES. SUBJ.          distinga, distingas, distinga, distingamos, distingáis,
                        distingan
   Like distinguir:  seguir, etc.
(LEER)
PRETERITE            leí, leíste, leyó, leímos, leísteis, leyeron
IMP. SUBJ.           (1) leyera, leyeras, etc. (2) leyese, leyeses, etc.
(HUIR)
PRES. IND.           huyo, huyes, huye, huimos, huís, huyen
PRETERITE            huí, huiste, huyó, huimos, huisteis, huyeron
PRES. SUBJ.          huya, huyas, huya, huyamos, huyáis, huyan
IMP. SUBJ.           (1) huyeras, huyeras, etc. (2) huyese, huyeses, etc.
```